Cornelius Hartz

Orgien, wir wollen Orgien!

Cornelius Hartz

Orgien, wir wollen Orgien!

So feierten die alten Römer

THEISS

Die Deutsche Nationalbibliothek verzeichnet diese Publikation
in der Deutschen Nationalbibliografie;
detaillierte bibliografische Daten sind im Internet
über http://dnb.dnb.de abrufbar.

Der Konrad Theiss Verlag ist ein Imprint der WBG.

Die Herausgabe des Werkes wurde durch die Vereinsmitglieder der WBG ermöglicht.
Lektorat: Andrea Graziano di Benedetto Cipolla, Mainz
Satz und Layout: Satz & mehr, Besigheim
Einbandabbildung: »Romains de la décadence«, Öl auf Leinwand (1847),
von Thomas Couture (1815–1879) © akg-images / Laurent Lecat
Einbandgestaltung: Stefan Schmid Design, Stuttgart
Gedruckt auf säurefreiem und alterungsbeständigem Papier
Printed in Germany

Besuchen Sie uns im Internet: www.wbg-wissenverbindet.de

ISBN 978-3-8062-3108-3

Elektronisch sind folgende Ausgaben erhältlich:
eBook (PDF): 978-3-8062-3112-0
eBook (epub): 978-3-8062-3113-7

INHALT

VORWORT

Die „Zustände wie im alten Rom“ sind bei uns zum geflügelten Wort geworden, und wir meinen damit Dekadenz, Verschwendung, Völlerei und nicht zuletzt zügellosen Sex. Ein Schweizer Sexkontakt-Portal beispielsweise bietet eine kleine theoretische Einführung in das bunte Treiben der „Swinger“ – komplett mit einem Blick auf den historischen Hintergrund: „Auch wenn man glauben könnte, Swingen sei ein Phänomen der Neuzeit: Das ist es keineswegs! Schon im alten Rom war es gang und gäbe, sich mit wechselnden Sexualpartnern zu amüsieren. Die sprichwörtliche römische Orgie ist also sozusagen ein Vorläufer der modernen Swingerparty.“ Eindrucksvoll wird diese Sicht der römischen Gesellschaft in der US-amerikanischen TV-Serie *Spartacus* in Szene gesetzt, die gleich in der Pilotfolge ebenso viele grausam-blutige Tode wie nackte Brüste zeigte. Und die Presse bemühte diesen Vergleich in den letzten zehn Jahren nur allzu gerne, wenn von den kriminell-unmoralischen Machenschaften Silvio Berlusconis die Rede war.

Natürlich war Rom alles andere als ein Sündenpfuhl. Doch ins andere Extrem darf man ebenso wenig verfallen. In seiner Comedy-Quizshow *QI* stellte Stephen Fry einmal die Frage: „Wohin würden Sie Ihre Großmutter eher mitnehmen: zu einem griechischen Symposion oder einer römischen Orgie?“ Wie erwartet, entschieden sich die Befragten für das Symposion und tappten damit (vermeintlich) in die Falle. Trinkgelage und ausschweifende Sexualität, so Fry, habe man nur beim Symposion der alten Griechen gefunden, die römische Orgie habe vor allem dem Genuss ausgefallener Gaumenfreuden gedient. Doch das ist leider nicht ganz zutreffend: Die Römer standen den Griechen in dieser Hinsicht kaum nach – es kam lediglich darauf an, wer wann mit wem feierte.

Das Wort „Orgie" tritt in unserem heutigen Sprachgebrauch hauptsächlich als Platzhalter für „übermäßig" oder „maßlos" auf – egal, in welchem Zusammenhang, von der Farborgie bis zur Gewaltorgie. Dabei besitzt das Wort an sich, etymologisch betrachtet, gar keine so spezifische Bedeutung: Das lateinische Wort *orgia* (Neutrum Plural), griechisch *órgia*, leitet sich entweder vom griechischen *érgon* ab, was „Tat" oder „Werk" bedeutet, oder von *orgé*, „Gemütsbewegung" (daher stammt auch das Wort „Orgasmus"). Als *orgia* bezeichnete man rituelle Kulthandlungen in bestimmten antiken Mysterienkulten, vor allem beim Dionysos/Bacchus-Kult, und über die Beschreibung dieser Kulthandlungen in der wissenschaftlichen Literatur des 18. Jahrhunderts hielt die „Orgie" auch in den deutschen Sprachgebrauch Einzug. Schon damals hatte das Wort eine deutliche sexuelle Konnotation; schließlich wusste man, dass die Bacchus-Mysterien im 2. Jahrhundert v. Chr. in Rom verboten wurden, und zwar (zumindest offiziell) aufgrund übermäßiger sexueller Ausschweifungen inklusive Drogenkonsums.

Der Titel dieses Buchs ist einem *Asterix*-Abenteuer entlehnt; die *Asterix*-Comics, die viel für die Vermittlung der Antike in der zweiten Hälfte des 20. Jahrhunderts getan haben, verwenden den Begriff „Orgie" denn auch so, wie er heute allgemein verstanden wird. Dies dient der Komik – beispielsweise wenn es im „Kauf-Domus" eine Abteilung für „Orgien-Artikel" gibt –, ist aber dennoch ein (durchaus bewusst eingesetzter) Anachronismus. Es entsteht der Eindruck, eine zünftige Orgie hätte einfach zum Alltag der Römer dazugehört, doch das war natürlich nicht der Fall. Für einen traditionsbewussten Römer, der sich am *mos maiorum*, an den Sitten und Werten der Vorfahren, orientierte, waren Gelage und Schlemmereien ein Graus. Rom war eine kriegerische Nation, und die Soldaten, die nichts als Getreidebrei mit Speck zu Essen bekamen, hatten das Imperium großgemacht – nicht dekadente Politiker. Aus diesem Grund hat man den Untergang des römischen Imperiums später lange Zeit dem Verfall der Sitten zugeschrieben; dieser verstieß nicht nur gegen die christliche Doktrin, sondern auch gegen ur-römische Werte. Im altem Rom galt es bereits als unsittlich, wenn man beim Sex nicht das Licht löschte.

> „The frescoed Roman Orgy room brings good old-fashioned bacchanalia to Sin City."
>
> Werbung des Strip-Clubs *Little Darlings*, Las Vegas

Einer, der diese Haltung vehement vertrat, war Augustus, der erste römische Kaiser. Er konsolidierte das Römische Reich und sorgte endlich, nach fast hundert Jahren Bürgerkrieg, auch für innenpolitischen Frieden, allerdings um den hohen Preis, die Republik de facto durch eine Erbmonarchie zu ersetzen. So hatte sein Ruf nach den „guten alten Sitten" auch eine politische Funktion, und er führte mehrere Gesetze ein, die die Zügellosigkeit eines Teils der römischen Oberschicht begrenzen sollte – indem z. B. Ehebruch unter Strafe gestellt wurde. Augustus und seine direkten Familienmitglieder trugen demonstrativ ganz traditionelle, schlichte Kleidung, die seine Frau eigenhändig nähte, und saßen auf einfachsten Möbeln – wenngleich in einem riesigen Palast. Und so gab es durchaus Menschen, die davon zu berichten wussten, dass der Moralapostel Augustus selbst, hinter streng verschlossenen Türen natürlich, wilde Orgien feierte.

Und auch die gesellschaftliche Wirkung von Augustus' Gesetzen ist zweifelhaft – nichts und niemandem ist so schwer beizukommen wie dem Hang des Menschen zu Lust und Leidenschaft. Die Römer waren weder bessere noch schlechtere Menschen als die Griechen, und so gab es in Rom natürlich ebenso exzessive Orgien, die unsere moderne Bezeichnung verdienen, wie in Athen. Und wie sehr sie zum Bild gehören, das unsere moderne Gesellschaft vom alten Rom hat, zeigen nicht zuletzt Veranstaltungen wie die „Römische Orgie" im Swingerclub *Venus* im nordrhein-westfälischen Hamminkeln („Wir wollen dieses Jahr auch wieder zu einer geilen Party aufrufen und sind zu dem Entschluss gekommen wieder eine geile Römische Orgie zu starten. Angesagt ist an diesem Abend ein römisches Outfit" – was für die meisten Gäste wohl bedeuten wird, dass sie sich ein Bettlaken überwerfen). Oder die enttäuschte Überschrift der Kritik zu Ridley Scotts *Gladiator* (2000) im *New York Observer*: *„Russell Crowe in a Toga, but not a Single Orgy*".

HUNDERT TAGE *FERIAE*: FESTE UND FEIERTAGE

Die Römer kannten keinen Sonntag. Das soll natürlich nicht heißen, dass sie keinen ordentlichen Kalender hatten. Doch was sie nicht hatten, war ein arbeitsfreier Tag in der Woche. Jeder Tag war ein Werktag, und auch wenn viele Römer weit weniger als die heute üblichen 8 Stunden am Tag arbeiteten, so doch theoretisch an jedem Wochentag. Da die römische Gesellschaft ursprünglich eine Agrargesellschaft war, verwundert dies auch kaum: Schließlich kann der Landwirt nicht einfach an einem Tag der Woche aufhören, sich um sein Vieh zu kümmern, die Milch beispielsweise muss jeden Tag gemolken werden.

Gerade die unteren Schichten kannten, in Rom wie auf dem Land, eigentlich überhaupt keine freien Tage. Dabei gab es auch bei den alten Römern Feiertage: die *feriae* (woher natürlich unser Wort „Ferien" stammt). Es gab drei reguläre Feiertage, die jeden Monat wiederkehrten und an denen sich die Zählung der übrigen Tage eines Monats orientierte: die Kalenden (1. Tag eines Monats), die Nonen (5. oder 7. Tag eines Monats) und die Iden (13. oder 15. Tag eines Monats). Wie auch andere Feiertage einzelnen Göttern geheiligt waren, denen diese Tage sozusagen „gehörten", so galten die Iden dem Jupiter und die Kalenden dem Mars. „Feiertag" bedeutete jedoch nicht automatisch, dass alle „frei" hatten: Gerade Mindererwerbstätige konnten es sich (von fehlenden Ladenschlussgesetzen abgesehen) gar nicht leisten, regelmäßig auszuspannen – das ging höchstens an solchen Feiertagen, an denen gesponserte Spiele stattfanden und dabei gratis Brot oder Getreide verteilt wurde – „Brot und Spiele" eben. Immerhin ka-

Die wichtigsten römischen Feste und wem sie galten			
1. Quartal	Anfang Januar	*Compitalia*	*Lares compitales*
	Ende Januar	*Sementivae*	Ceres, Tellus
	13.–21.2.	*Parentalia*	tote Angehörige
	15.2.	*Lupercalia*	Lupercus
	22.2.	*Caristia*	Laren
	23.2.	*Terminalia*	Terminus
	17.3.	*Liberalia*	Bacchus
	19.3.	*Quinquatria*	Mars, Minerva
2. Quartal	1.4.	*Veneralia*	Venus
	4.–9.4.	*Megalesia*	Magna Mater
	12.–19.4.	*Cerealia*	Ceres
	15.4.	*Fordicidia*	Tellus
	21.4.	*Parilia*	Pales
	23.4.	*Vinalia urbana*	Jupiter, Venus
	25.4.	*Robigalia*	Robigus
	28.4.–3.5.	*Floralia*	Flora
	9./11./13.5.	*Lemuria*	*lemures*
	11.6.	*Matralia*	Mater Matuta
3. Quartal	Sommer	*feriae Latinae*	Jupiter
	6.–13.7.	*ludi Apollinares*	Apollo
	7.7.	*Nonae Capratinae*	Juno
	15.7.	*transvectio equitum*	Ritter
	19.8.	*Vinalia rustica*	Jupiter
	21.8.	*ludi Consualia*	Consus
	4.–19.9.	*ludi Romani*	Jupiter

4. Quartal	11.10.	*Meditrinalia*	Jupiter
	15.10.	*equus October*	Mars
	19.10.	*Armilustrium*	Mars
	4.–17.11.	*ludi plebeii*	Plebejer
	13.11.	*Iovis epulum*	Jupiter
	4.12.	*Bona dea*	Bona dea
	17.–30.12.	*Saturnalia*	Saturn

men im Laufe der römischen Geschichte zu den oben genannten 36 Tagen immer mehr *feriae* hinzu, und eben auch solche, die ärmere Römer für ihren Verdienstausfall kompensierten. Wiederum später potenzierte sich die Zahl der *feriae* noch einmal, als einzelne Festtage auf einen Zeitraum von mehreren Tagen ausgedehnt wurden. In der frühen Kaiserzeit gab es im Jahr 159 Feiertage.

Den einzelnen Feiertag nannte man *dies ferialis*, und ursprünglich waren alle solchen Feiertage religiös motiviert gewesen (ein religiöser Feiertag hieß auch *dies festus*, daher kommt unser Wort „Fest" bzw. „Festtag"). Offiziell hatte man an den *feriae* frei, um Tempel zu besuchen und den Göttern Opfer zu bringen. In einer Stadt wie Rom waren es vor allem die Sklaven, die durcharbeiten mussten, doch immerhin gab es ein paar Feste, an denen sie ebenfalls teilnehmen durften oder mehr Freiheiten als sonst genossen. In Abgrenzung zu diesen öffentlichen Feiertagen entstand der Begriff der *feriae privatae*, bei denen man innerhalb der Familie Verstorbener gedachte oder Geburtstage feierte.

Die öffentlichen Feiertage, die *feriae publicae*, lassen sich in mehrere Gruppen unterteilen: Einerseits gab es jedes Jahr wiederkehrende Feiertage; diese waren entweder auf einzelne Kalendertage festgelegt (*feriae stativae*) oder auf bestimmte Zeiträume, wobei die genauen Daten jedes Jahr durch Priester neu bestimmt wurden (*feriae conceptivae*). Andererseits gab es die *feriae imperativae,* sozusagen Feiertage „außerhalb der Reihe“, die von Konsuln oder hohen Beamten verkündet wurden – oft zur Feier der Rückkehr eines siegreichen Feldherrn. Um den Verdienstausfall der arbeitenden Bevölkerung auszugleichen, erhielt diese an solchen Feiertagen, wie erwähnt, Brot oder Getreide; vor allem ab der Zeit des Augustus wurden stattdessen aber münzähnliche Marken (*tesserae*) ausgeteilt, als Gutscheine für Lebensmittel, Getreide oder andere Versorgungsgüter. Hin und wieder wurde auch einfach Geld verteilt.

Zwar ruhte an Feiertagen das Rechtswesen (und für die Bessergestellten auch die Arbeit), doch einen Zwang, die Tempel zu besuchen, gab es nicht – Platz für alle römischen Bürger wäre dort auch kaum gewesen. Nur besonders fromme Römer und die dazu bestimmten Volksvertreter (Magistraten und Priester) opferten an diesen Tagen den Göttern. Ansonsten gab es auch Feste, die sich an bestimmte Bevölkerungsgruppen richteten, die dann zur Teilnahme an kultischen Handlungen verpflichtet waren; oft war dies aber zugleich auch eine große Ehre. Im Folgenden sollen ein paar der jährlichen Feste näher beschrieben werden – natürlich ohne Anspruch auf Vollständigkeit.

Januar

Am 1. Januar wurden die neuen römischen Konsuln eingeführt, die höchsten Beamten des römischen Staates; diese Sitte gab es seit 153 v. Chr. und hielt sich bis zum Ende des Römischen Reichs. 530 n. Chr. gab es zum letzten Mal zwei Konsuln, die sich das Amt teilten, danach noch elf Jahre lang jeweils einen. Im Rahmen der Amtseinführung der neuen Konsuln fanden öffentliche Opferfeierlichkeiten statt, deren Echo noch heute nachhallt, denn der Beginn des politischen Jahres im alten Rom ist heute noch der Anfang unseres Jahres und damit ein Feiertag (während das Mittelalter hindurch meist der 6. Januar, der Dreikönigstag, als Jahresanfang galt). Etwa ab dem 4. Jahrhundert n. Chr. wurde die Inauguration der Konsuln aufwendiger, mit Circusspielen, Wagenrennen und einem Umzug.

Ebenfalls im Januar fanden die *Compitalia* statt, ursprünglich ein Bauernfest. Das Datum war beweglich, einiges deutet auf Anfang Januar hin, vielleicht sogar schon den 1. Januar. Seinen Namen hatte das Fest vom den *compitum*, dem Kreuzweg in einem Dorf, an dem in der Regel ein Schrein für die Laren, die Hausgötter, aufgestellt war. Die *Compitalia* waren ursprünglich dazu da, diese Kreuzweg-Laren zu ehren, und entwickelten sich zu einem heiter-volkstümlichen Volksfest. Landbewohner, die in die Städte zogen, brachten das Fest mit, und so wurde es auch in den Städten zu einer festen Institution – dort gab es sogar eigene *collegia compitalicia*, also Vereine, die ausschließlich dazu da waren, die *ludi compitalicii* zu organisieren: Dabei fanden auf den Dorfplätzen und in Städten wie Rom an den Ecken der großen Straßenkreuzungen Volksbelustigungen statt, mit Schauspielern, Gauklern, Gladiatoren und vielem anderem mehr, wobei man in der Stadt ein starkes Gewicht auf die ländlich-bäuerliche Herkunft des Festes (und historisch gesehen auch der Römer) legte. So waren die *Compitalia* schon rein traditionell ein Fest der „einfachen Leute", und es verwundert kaum, dass es dabei immer wieder zu Unruhen und Aufständen gegen die herrschende Klasse kam. In den Jahren 67–65 v. Chr. waren diese besonders heftig; Als Reaktion verbot der Senat die *collegia compitalicia* (und mehrere weitere *collegia*) im Jahre 64 v. Chr. (andere Quellen sprechen von 68 v. Chr.). Es gibt widersprüchliche Angaben darüber, ob das Fest danach weiter stattfand oder nicht; anzunehmen ist, dass die Menschen sich ihr Fest nicht einfach so verbieten ließen und auch ohne offiziell genehmigte Organisation in irgendeiner Form begingen. Danach gab es immer wieder Bemühungen, die *collegia* erneut einzurichten, so 58 v. Chr. durch Clodius Pulcher, doch spätestens Caesar verbot sie im Jahr 46 v. Chr. wieder komplett. Erst in der Kaiserzeit wurden die *Compitalia* wieder offiziell gefeiert, und man weitete sie sogar auf drei Tage aus: Im Jahre 7 n. Chr. erfolgte unter Augustus eine administrative Neuordnung Roms in 265 Bezirke; den Larenschreinen fügte man ab sofort Abbilder des Genius des Augustus hinzu – so wurden die früheren Treffpunkte subversiver Kräfte über Nacht zum Ausdruck einer neuen Frömmigkeit dem Kaiser gegenüber. Und endlich durften die *Compitalia* wieder organisiert und gefeiert werden.

In der Regierungszeit des Tarquinius Priscus, so heißt es, erschien auf seinem Herd inmitten der Asche etwas, das aussah wie das männliche Geschlechtsorgan. Die Sklavin Ocrisia, Dienerin der Königin Tanaquil, die dabeisaß, stand auf und war auf einmal schwanger. Sie gebar später Servius Tullius, der dem König auf den Thron folgte. Es heißt, dass man, während das Kind im Palast schlief, eine Flamme sah, die um seinen Kopf spielte, und infolgedessen glaubte man, dass der Lar des Hauses sein Stammvater war. Aufgrund dieses Umstands wurden die *Compitalia*, die Spiele zu Ehren des Laren, eingeführt.

(Plinius d. Ä., nat. 36.70)

Ende Januar/Anfang Februar beging man außerdem noch die *Sementivae*, eine Art Sä-Fest zu Ehren von Tellus (Mutter Erde) und Ceres (Göttin der Landwirtschaft). Die erste Hälfte der *Sementivae* fand zu Ehren der Tellus statt, die andere folgte eine Woche später für Ceres. Auf dem Lande feierte man zur Zeit der *Sementivae* die *Paganalia*, die denselben Zweck hatten; eventuell handelt es sich dabei nur um eine andere Bezeichnung desselben Festes, auch wenn man dort, wo man tatsächlich etwas aussäte, andere Schwerpunkte setzte. Dort, in den *pagi*, hatte das Fest auch eine wichtige soziale und integrative Funktion, denn ab dem Zeitpunkt der Aussaat musste die Dorfgemeinschaft gemeinsam ihre Äcker schützen – vor tierischen, aber auch vor menschlichen Räubern, beispielsweise Landstreichern, aber auch durchreisenden Soldaten, die sich gerne auf fremden Äckern bedienten. Da sich der Zeitpunkt dieses Festes danach richtete, wann die Aussaat stattfand, und dies u. a. vom Wetter abhing, gehörte es zu den beweglichen Feiertagen, wie Ovid es sehr schön in seinen *Fasti* beschreibt.

> Drei oder vier Mal habe ich den Kalender durchsucht,
> doch nirgends fand ich die *Sementivae*.
> „Dieser Tag", sagte die Muse, als sie das merkte, „wird von den
> Priestern festgelegt, was suchst du bewegliche Tage im Kalender?
> Obwohl der Tag des Festes nicht festgelegt ist, ist seine Zeit bekannt:
> Wenn der Samen gesät ist und der Acker fruchtbar."
>
> (Ovid, Fasti 1.657 ff.)

Februar

Im Februar feierte man die *Parentalia* (13.–21.2.), im Rahmen derer man der toten Angehörigen gedachte. In dieser Zeit blieben die Tempel geschlossen und es dufte nicht geheiratet werden. Eingeleitet wurden die *Parentalia*, indem die oberste Vestapriesterin Mittags am 13. Februar ein Opfer zelebrierte; im Anschluss brachten die Römer ihren Angehörigen kleine Opfergaben und Speisen an die Grabstellen, um die Seelen der Toten zu besänftigen. Wenn man das nicht tat, konnte das (laut Ovid) schlimme Folgen haben.

> Ich kann es kaum glauben, aber es heißt, dass die Geister der Ahnen
> in der Stille der Nacht ächzend aus ihren Gräbern kamen,
> und unförmige Geister, eine körperlose Menge, heulten
> durch die Straßen der Stadt und durch die weiten Felder.

Dann gab man den Toten die vernachlässigte Ehre zurück
und den Vorzeichen und Beerdigungen die angestammte Form.

(Ovid, Fasti 2.551 ff.)

Während der neun Tage dauernden *Parentalia* fand aber noch ein weiteres Fest statt: die *Lupercalia* (15.2.), eines der ältesten römischen Feste, das angeblich auf Romulus zurückging. Tatsächlich wurde es eventuell bereits sogar vor der Entstehung Roms in Italien gefeiert. Es war ein Fest der Reinigung und der Fruchtbarkeit, bei dem eine dem Faunus geheiligte Grotte auf dem Palatin, das Lupercal, eine Rolle spielte; dort wurden u. a. Ziegen geopfert, und zwei ausgewählten jungen Männern wurde das Blut der Tiere auf die Stirn gestrichen. Der Name der Grotte geht wahrscheinlich auf *lupa* zurück, die Wölfin, die dem Mythos nach Romulus und Remus säugte. Im Jahr 2007 entdeckten italienische Archäologen unterhalb des Palasts des Augustus tatsächlich eine 16 Meter tiefe Höhle, die das antike Lupercal sein könnte, nur den Eingang hat man noch nicht gefunden.

Es fehlte nicht im alten Rom an Emotionen,
Die Todten wurde öffentlich daselbst verbrannt,
Es freute Rom Bestattungsfeiern beizuwohnen,
Es kam die Plebs der ganzen Urbs herbeigerannt.

Ja, Rom ergötzte sich an Trauerbacchanalien,
Es ward in früher Zeit bereits in Rom gepraßt,
Im Heldenlenze gab es schon die Luperkalien,
Vom Schaulusttaumel ward das ganze Volk erfaßt.

(Theodor Däubler: Das Nordlicht, Leipzig 1922)

An die *Parentalia* schloss sich ein fröhlicherer Feiertag an, der sich im privaten Rahmen abspielte: die *Caristia* am 22. Februar. Hier feierte man den Zusammenhalt der Familie, die zusammen speiste und den Hausgöttern, den Laren, opferte. Aber man kümmerte sich auch um entferntere Verwandte; es war ein „Tag der Aussöhnung", an dem man Streitigkeiten beilegte und einander Geschenke machte. Das ging natürlich nur, wenn man, wie Ovid anmerkt (fast. 2.624), diejenigen Verwandten ausklammerte, die sich uneinsichtig zeigten.

Der Dichter Martial beschreibt an den *Caristia* das Dilemma derer, die es allen rechtmachen wollen.

Am Verwandtentag, an dem man vielerlei Geflügel verschenkt,
während ich Stella und dir, Flaccus, Drosseln als Geschenk einpacke,
muss ich an die ganzen Leute denken (das belastet mich),
von denen jeder glaubt, er sei für mich der Wichtigste.
Euch beide möchte ich für mich gewinnen; doch die vielen anderen
zu brüskieren schadet nur, und alle zu beschenken ist schwierig.
Ich sehe nur eine Möglichkeit, aus der Situation herauszukommen:
der Stella keine Drosseln zu schenken, und dir auch nicht, Flaccus.

(Martial 9.55)

Es folgten am 23. Februar die *Terminalia* zu Ehren des Gottes Terminus (die bis zur Einführung des Julianischen Kalenders den Schaltmonat einläuteten). *Terminus* war einerseits die lateinische Bezeichnung für einen Grenzstein, der markierte, wo ein Grundstück zu Ende war und das nächste begann; andererseits war es der Name der göttlichen Kraft, von der man glaubte, dass sie einem solchen Grenzstein innewohnte. Im Rahmen der *Terminalia* schmückte man seine privaten Grenzsteine mit Blumen und Girlanden. Von staatlicher Seite aus ehrte man ebenfalls bestimmte *termini*, beispielsweise den 6. Meilenstein an der Via Laurentina, der in der römischen Königszeit die Grenze des *ager Romanus* gebildet haben soll, und den Grenzstein in der Mitte Roms, um den herum der Jupitertempel auf dem Kapitol errichtet wurde. Aufgrund der göttlichen Kraft der *termini* galt es als kultischer Vorgang, einen solchen Stein zu setzen oder umzusetzen. Schon deshalb stellte die Unverrückbarkeit der Grenzsteine einen wesentlichen Aspekt der Rechtssicherheit dar. Ursprünglich stellten die *Terminalia* den letzten Tag des römischen Kalenderjahres dar, bis man den Jahresbeginn auf Anfang Januar verschob – was dem Fest für Terminus natürlich ein wenig seiner Bedeutung nahm.

März

Ein wichtiges Fest im März waren die *Liberalia*, das Fest zu Ehren von Gott Bacchus, der auch Liber oder Liber Pater genannt wurde, und dessen weiblichem Gegenstück, Libera. Das Fest fand am 17. März statt, an dem efeubekränzte Liber-Priesterinnen überall in der Stadt Honigkuchen (*liba*) darboten. In ländlichen Gebieten wurde (zumindest in der Zeit der Republik) anlässlich dieses Festes ein großer hölzerner Phallus auf einem Wagen durch die Gegend gezogen, nach dem Vorbild der griechischen Dionysien-Prozession.

Liber, vor deiner Geburt waren die Altäre ohne Gaben,
und Gras überwuchte die kalten Feuerstellen.
Nachdem du den Ganges und den ganzen Osten unterwarfst,
so sagt man, legtest du die erste Ernte für Jupiter beiseite.
Als Erster gabst du uns aus diesen Ländern Zimt und Weihrauch
sowie gebratene Eingeweide triumphaler Ochsen
und Libationen, die ihren Namen vom Urheber haben, wie auch
der Kuchen, von dem ein Teil auf dem heiligen Herd angeboten wird.

Liba wird für den Gott gebacken, weil er sich an Süßem erfreut – schließlich sagt man, Bacchus habe den Honig entdeckt.

(Ovid, fast. 3.727 ff.)

Eigentlich jedoch war der März (*Martius*) der Monat des Gottes Mars. Direkt am 1. März erneuerte man in einer Zeremonie das immerwährende Feuer im Tempel der Vesta und schmückte diverse Gebäude mit (dem Mars geweihtem) Lorbeer. Am fünften Tag nach den Iden des März, also am 19. März, feierte man die *Quinquatria* zu Ehren des Mars, wobei die Salier, die Marspriester und die Militärtribune auftraten und (symbolisch) Schilde gereinigt wurden. Das Fest wurde im Laufe der römischen Geschichte bis auf fünf Tage ausgedehnt. In der Kaiserzeit wurde aus dem ursprünglichen Mars-Fest ein Fest für die Göttin Minerva.

Kaiser Domitian (51–96 n. Chr.) war dafür bekannt, prächtige öffentliche Spiele zu veranstalten. Und er war ein großer Anhänger der Göttin Minerva – sogar eine von ihm eingerichtete Legion taufte er *Minervia*. Kein Wunder, dass er die *Quinquatria* (die zu seiner Zeit bereits der Minerva galten und nicht mehr dem Mars) in besonders großem Stil feierte.

Er feierte jedes Jahr die *Quinquatria* zu Ehren von Minerva in seiner Albaner Villa, und er richtete eigens ein Priester-Kollegium für das Fest ein, dessen Mitglieder per Los bestimmt wurden; diese organisierten großartige Spiele mit wilden Tieren und Theaterstücken sowie Wettbewerbe in der Rede- wie in der Dichtkunst.

(Sueton, Dom. 4)

April

Im April beging man eine ganze Reihe von Festen. Es begann mit den *Veneralia* (1.4.) zu Ehren der Venus, im Rahmen derer Frauen Venusstatuen reinigten und mit Blumen und Girlanden schmückten. Eine besondere Rolle spielte die Göttin an diesem Tag in ihrer Funktion als Venus Verticordia („Venus, die Herzenswenderin"); als solche erhielt sie 114 v. Chr. auch einen eigenen Tempel. Man könnte bei der Bezeichnung „Herzenswenderin" denken, hier sei eine Art Valentinstag gemeint oder Venus hätte an diesem Tag Amor mit dem Liebespfeil auf die Reise geschickt – stattdessen ging es jedoch eher darum, die Herzen der Römerinnen und Römer dahin zu „wenden", dass sie den gültigen moralischen Vorstellungen folgten und ihr Liebesleben so ausrichteten, dass es dem Staat nützte. Insofern ergibt es auch Sinn, dass mehrere antike Quellen anmerken, die Verehrung der Venus Verticordia habe sich auf *matronae*, also verheiratete freie Römerinnen, beschränkt.

Einst galt Sulpicia, die Tochter des Paterculus und Frau des Fulvius Flaccus, den Matronen als keuscheste Frau überhaupt. Man wählte sie aus über 100 vorgeschlagenen Frauen aus, gemäß den Vorschriften der Sibyllinischen Bücher, eine der Statuen der Venus Verticordia zu weihen.

(Plinius d. Ä., nat. 7.120)

Auf das Venusfest folgten die *Megalesia* (4.–9.4.) zu Ehren der Magna Mater (oder Kybele) und ihres Tempels auf dem Palatin. Das Fest wurde relativ spät eingeführt, 191 v. Chr., ein paar Jahre nachdem man diese Göttin aus dem Osten importiert hatte. Zusätzlich zu Circusspielen und Theateraufführungen war es Sitte unter reichen Römern, während dieser Tage abwechselnd Freunde und Bekannte zu aufwendigen Festmählern einzuladen. Die privaten Extravaganzen an den *Megalesia* scheinen jedoch schon bald solche Formen angenommen zu haben, dass, wie Gellius berichtet, 161 v. Chr. ein Gesetz verabschiedet wurde, das es Privatleuten verbot, allzu viel für Speisen und Getränke auszugeben.

> Erst vor Kurzem las ich in den *Miszellen* des Ateius Capito einen alten Senatsbeschluss (Konsuln waren Gaius Fannius und Marcus Valerius Messala) bestanden, dass die führenden Bürger, die an den *Megalesia* nach alter Sitte „tauschten" – also einander als Gastgeber abwechselten –, vor den Konsuln einen Eid ablegen sollten, dahingehend, dass sie für ein Abendessen (zusätzlich zu Gemüse, Brot und Wein) nicht mehr als 120 Asse ausgeben, dass sie keinen importierten, sondern nur heimischen Wein ausschenken und am Tisch nicht mehr als 100 Pfund an silbernem Geschirr und Besteck verwenden.
>
> (Gellius 2.24)

Ein paar Tage danach feierte man die *Cerealia* (12.–19.4.), zu Ehren der Getreidegöttin Ceres, wieder mit Circus- und Theaterspielen. Die *Cerealia* reichen wahrscheinlich bis in die römische Königszeit zurück. Wieder begegnet uns hier ein bizarr erscheinender Brauch: Man band brennende Fackeln an die Schwänze von Füchsen und ließ diese dann im Circus Maximus herumlaufen. Ovid erklärt diesen Brauch in seinen *Fasti* damit, dass ein Bauernjunge vor langer Zeit einen Fuchs dabei erwischte, wie er Hühner stehlen wollte; er versuchte, den Fuchs bei lebendigem Leib zu verbrennen, doch das Tier lief fort und setzte ein Getreidefeld in Flammen. Und da solche Felder der Göttin Ceres heilig waren, wurde es Tradition, ihr zu Ehren Füchse zu „bestrafen".

Zwischendrin gab es dann noch die *Fordicidia* (15.4.), das Fest der Göttin Tellus, bei dem man 30 trächtige Kühe (*fordae*) opferte (*caedere* = „töten"). Die ungeborenen Kälber wurden aus den Leibern der Kühe geschnitten und von der obersten Vestapriesterin verbrannt, die die Asche sammelte: Diese benötigte man eine Woche später wieder, bei den *Parilia* (oder *Palilia*) zu Ehren der Hirtengöttin Pales – einem der Höhepunkte im römischen Festkalender. Am

Morgen des 21. April wurden alle Ställe ausgefegt, und dann verteilten in Rom die Vestalinnen die Asche der an den *Fordicidia* geopferten Kälber sowie ein Räucherwerk, das aus dem Blut des im Oktober dem Mars geopferten Pferdes hergestellt wurde. Damit räucherten Viehbesitzer ihre Ställe aus, um Unheil und Krankheiten fernzuhalten. Anschließend schmückte man die Örtlichkeiten, und dann fand der spektakuläre Höhepunkt der Zeremonien statt: Jeder, der wollte, sprang zur eigenen spirituellen Reinigung drei Mal durch ein Feuer aus Bohnenstroh. Anschließend wurde im Freien gegessen und getrunken. Dieses Fest war zugleich das Gründungsfest von Rom: Dem Mythos nach hatte Romulus die Stadt am 21. April gegründet – und seinen Bruder Remus getötet, der sich über die winzige Stadtmauer lustig gemacht hatte und darübergesprungen war. Warum beides – das Hirtenfest und die Gründung Roms – zusammenfiel, ist unklar. Vielleicht sah man Romulus und Remus noch immer als die Hirten an, die sie vor der Gründung der Stadt waren; es gibt mehrere Feste, die die ländliche Herkunft Roms betonen. Eventuell liegt es aber auch daran, dass die älteste römische Besiedlung auf dem Hügel Palatin stattfand und dass man diesen (volksetymologisch) mit der Göttin Pales in Verbindung brachte.

Ein Festtag wurde gefeiert in Rom (die Alten tauften ihn *Parilia*),
der Tag, der als Erster Roms Mauern entstehen sah –
ein alljährliches Festmahl der Hirten, Spiele in der Stadt,
wobei die Tische sich unter ländlichen Gerichten bogen
und über hier und da aufgeschichtetes brennendes Heu
Betrunkene sprangen, mit schmutzigem Fuß.

(Properz 4.4.73 ff.)

Am 23. April fand das erste Weinfest des Jahres statt, die *Vinalia urbana* (oder*priora*). Die zuständigen Gottheiten waren Venus, welcher der *vinum spurcum* geheiligt war, der „profane", alltäglich getrunkene Wein, und Jupiter, dem der *temetum* gebührte, der bei religiösen Zeremonien verwendete Wein – überhaupt war Jupiter als Wettergott ja vorrangig dafür verantwortlich, ob der Wein gedieh oder nicht. Man trank (bzw. opferte) dabei den Wein der letztjährigen Ernte.

> Wir erkennen die rauhen Altrömer, die, vornehm oder gering, ihr Äckerchen sorgfältig bestellten, die Baumreben aber, gleich den Kyklopen, vernachlässigten. Ein guter Mann, wie Cato im Eingange des *Feldbaus* sagt, achtete für das höchste Lob, ein guter Ackerer und ein guter Bauer zu sein. Hatte nun die grossväterlichen Baumreben der verdrossene Schneiteler, so weit er sich hinaufwagte, nach Vermögen gepuzt, dann ward der gewonnene Traubensaft ein untadlich berauschendes Temetum, dem Priester wie dem Gotte angenehm, und, obgleich etwas herb, ein aufmunterndes Gastgeschenk, wovon Weiber die Zucht ausschloss.
>
> (Johann Heinrich Voss, Mythologische Forschungen, Bd. 4, Leipzig 1834)

Ein weiteres Fest im April waren die *Robigalia* (25.4.), ebenfalls ein Fruchtbarkeitsfest. *Robigo* war die lateinische Bezeichnung für den Getreidebrand, und diese Nutzpflanzen befallende Pilzkrankheit hatte eine eigene Gottheit mit Namen Robigus, die es zu besänftigen galt, damit der Rost nicht auftrat. Höhepunkt des Festes war ein eher bizarr anmutendes Opfer – ein rötlich-brauner Hund wurde getötet. Eventuell stand dieser Hund für die mythische Hündin Lailaps, den personifizierten Sturmwind, denn man wusste bereits, dass der Wind die Pilzsporen verteilte. Und die Farbe erklärt sich dadurch, dass das lateinische Wort dafür (*rubiginosus*) etymologisch mit dem *robigo* in Verbindung steht. Aus diesem Fest wurden später die christlichen „Bitttage", an denen man seinen Gott um reiche Ernte bat und Äcker und Felder gesegnet wurden. Die ursprüngliche christliche Prozession in Rom fand nicht nur am selben Tag statt, sondern verwendete sogar dieselbe Route wie der Festumzug an den *Robigalia*.

Ausschnitt der fasti des Grammatikers Marcus Verrius Flaccus aus Palästina (Ende 1. Jahrhundert v. Chr.), dem Schöpfer des bedeutenden Wörterbuchs De verborum significatione. Fasti waren ein Kalender, der die Feiertage verzeichnete. Deutlich zu erkennen: VIN *für* Vinalia *und* ROB *für* Robigalia. *Dieser Kalender war am Forum der Stadt Praeneste, östlich von Rom, angebracht.*

Die *Floralia* (28.4.–3.5.) ehrten die Göttin Flora, die alles blühen ließ. Ihr zu Ehren schmückte man sich und seine Wohnung mit Blumen. Eine Besonderheit dieses Festes ist, dass dafür die Teilnahme von Prostituierten an den öffentlichen Veranstaltungen bezeugt ist, die sich zudem noch entkleideten oder sogar im festlichen Rahmen entkleidet wurden – das überrascht, waren doch die Sexarbeiterinnen eine Personengruppe, die in der Regel nicht am öffentlichen Leben teilnahm; die meisten waren Sklavinnen, und die wenigen freien Frauen, die sich für diese Tätigkeit entschieden, verloren ihren Status als freie Bürgerinnen. Dasselbe gilt übrigens für die *Vinalia*.

Der Satiriker Juvenal schreibt über eine Gladiatorin – ein seltenes, aber auch anderweitig bezeugtes Phänomen. Aus dieser Satire hat man darauf geschlossen, dass bei den *Floralia* Frauen als Pseudo-Gladiatorinnen auftraten.

Wer kennt nicht die purpurnen Umhänge und den Platz der weiblichen Ringer?
Wer hat noch nie den abgenutzten Trainingspfahl gesehen,
wie diese Frau ihn mit ständigen Hieben mit Schwert und Schild aushöhlt –
sie kennt alle Tricks. Sie könnte gut und gern bei den
Floralia mitmachen, es sei denn, dass sie in ihrer Brust
größeren Ehrgeiz verspürt und schon für die echte Arena übt.
Wie viel Schamgefühl kann eine Frau haben, die einen Helm trägt,
die vor ihrer Weiblichkeit flieht? Sie zieht das Muskelschmalz vor. Doch ganz
zum Mann werden will sie nicht, denn dann würde sie ja keiner begehren!

(Juvenal 6.246 ff.)

Mai

An drei Tagen im Mai feierte man die *Lemuria* (9./11./13.5.) und gedachte der Geister der Verstorbenen, der *lemures* (nach denen auch die gleichnamige Ordnung Halbaffen ihren Namen erhielt, von denen viele nachtaktiv sind und entsprechend große Augen haben). Im Gegensatz zu den *Parentalia* geschah dies jedoch des Nachts, mit Riten, die das Mystisch-Unheimliche betonten. Der ganze Monat Mai galt wegen der *Lemuria* als düster, man glaubte sogar, dass es Unglück brachte, im Mai zu heiraten.

Ovid beschreibt die auf uralten Bräuchen beruhenden Riten an den *Lemuria* – wir wissen jedoch überhaupt nicht, wie verbreitet diese Sitten zu seiner Zeit, um die Zeitenwende, (noch) waren.

Der Hausherr wäscht seine Hände mit Quellwasser,
dann nimmt er ein paar schwarze Bohnen, dreht sich um
und wirft sie, mit abgewandtem Gesicht. Beim Werfen spricht er:
„Mit diesen Bohnen erlöse ich mich und die Meinen."
Das sagt er neunmal, ohne sich umzudrehen: Man glaubt, dass
der Schatten die Bohnen aufsammelt und ihm unsichtbar folgt.
Wieder berührt er das Wasser, lässt die Bronze aus Temesa erklingen
und bittet den Schatten, sein Haus zu verlassen.
Wenn er neunmal „Manen der Väter, fahrt hinaus!" gesagt hat,
sieht er sich um im Glauben, der heilige Ritus sei erfüllt.

(Ovid, Fasti 5.435 ff.)

Juni

Im Juni gab es die *Matralia* (11.6.), das „Mütterfest", bei dem römische Matronen der Göttin Mater Matuta huldigten, einer alten römischen Frühlings- und Fruchtbarkeitsgottheit, deren Tempel in Rom auf dem Forum Boarium stand. Anlass war, dass dem Mythos nach Servius Tullius, der sechste König Roms, an einem 11. Juni im 6. Jahrhundert v. Chr. diesen Tempel weihte (in dem gleichzeitig Fortuna verehrt wurde). Teil der öffentlichen Feierlichkeiten war ein bizarrer Ritus: Wie auch bei anderen Festen waren Sklavinnen von den Feiern ausgeschlossen, und dies wurde hier noch in besonderer Weise unterstrichen, indem man eine Sklavin (oder mehrere) zuerst in den Tempel führte, nur um sie dann unter Rutenschlägen wieder hinauszujagen. Übrigens war auch wiederverheirateten Frauen die Teilnahme an den *Matralia* verwehrt – ein echtes Matronenfest also.

Von besonderer Bedeutung waren die *feriae Latinae*, die (zumindest ab der Kaiserzeit) immer im Sommer stattfanden. Sie hatten kein festgelegtes Datum, sondern wurden jeweils zu Beginn der Amtszeit der Konsuln neu festgelegt. Ursprünglich war das Fest ein einziger Feiertag, doch im Laufe der Zeit wurde es auf mehrere Tage ausgedehnt – auch, um aufwändige Spiele zu veranstalten. Das Fest war uralt (vielleicht älter als Rom selbst) und diente dazu, die Verbundenheit der latinischen Städte zu bestätigen. Der Festakt selbst fand nicht in Rom statt, sondern außerhalb, auf dem Albanerberg, und dazu mussten alle römischen Beamten anreisen, sogar aus den Provinzen. Auch die Konsuln mussten anwesend sein, so dass es eigens einen *praefectus urbi feriarum Latinarum causa* gab, der in der Stadt zurückblieb, um die Konsuln zu vertreten. Der Festakt galt als so wichtig, dass er selbst in den Zeiten größter Krisen durchgeführt wurde, z. B. als Hannibal Italien angriff.

Wie bei den ähnlichen Eidgenossenschaften zum Beispiel der Böoter und der Ionier die Pamböotien und Panionien, war der Mittelpunkt dieser Vereinigung das „latinische Fest" (feriae Latinae), an welchem auf dem „Berg von Alba" (mons Albanus, Monte Cavo) an einem alljährlich von dem Vorstand dafür fest gesetzten Tage dem „latinischen Gott" (Iuppiter Latiaris) von dem gesamten Stamm ein Stieropfer dargebracht ward. Zu dem Opferschmaus hatte jede teilnehmende Gemeinde nach festem Satz ein Gewisses an Vieh, Milch und Käse zu liefern und dagegen von dem Opferbraten ein Stück zu empfangen. Diese Gebräuche dauerten fort bis in die späte Zeit und sind wohlbekannt; über die wichtigeren rechtlichen Wirkungen dieser Verbindung dagegen vermögen wir fast nur Mutmaßungen aufzustellen.

(Theodor Mommsen: Römische Geschichte, 1. Buch, Leipzig 1854)

Juli

Die *ludi Apollinares* (6.–13.7.) waren Spiele zu Ehren des Apollon; da dieser Gott u. a. für die Dichtkunst zuständig war, fanden an sechs Tagen Schauspiele statt (*ludi scaenici*), an zweien Zirkusspiele. Wie viele andere Feste, wurden diese *ludi* zu Beginn nur an einem Tag gefeiert (13.7.) und später immer länger. Der Aufbau der *ludi Apollinares* glich verdächtig den traditionellen pythischen Agonen in Delphi (ebenfalls zu Ehren des Apollo, der in Delphi ein Heiligtum besaß) – diese dauerten fünf Tage, und auch hier gab es Pferde- und Wagenrennen nur am letzten Tag. Die Apollospiele gab es 212 v. Chr. zum ersten Mal, zu Ehren eines Sehers, der die katastrophale Niederlage der Römer gegen Hannibal bei Cannae vorhergesagt hatte. Wahrscheinlich ab 208 v. Chr. fanden sie jedes Jahr statt – aufgrund einer Pestepidemie, denn Apollo war auf einmal auch der Gott der Heilkunst. Da der Schwerpunkt auf der Kunst, nicht auf Circus-Spektakeln lag, war es für den Staat ein relativ kostengünstiges Fest.

Zur Zeit ihrer längsten Ausdehnung fiel in den Zeitraum der *ludi Apollinares* ein weiteres Fest: An den Nonen des Juli (7.7.) beging man die (weitaus älteren) *Nonae Capratinae*. Dieses Fest ging auf den Angriff der Gallier auf Rom zurück (387 v. Chr.): Als die Feinde die Herausgabe der römischen Frauen forderten, riet die Sklavin Philotis dazu, die Sklavinnen als Römerinnen zu verkleiden; danach gelang es den Römern, die Feinde zu besiegen. Daher sollen die Sklavinnen und auch Prostituierte an den *Nonae Capratinae* größere Freiheiten gehabt haben als sonst – fast eine Art Entschädigung dafür, wie sie an den *Matralia* behandelt wurden. Die Riten an den *Nonae Capratinae* scheinen eine Art sexuell expliziter Parodie der Kulthandlungen „ehrbarer" römischer Matronen gewesen zu sein. Erst im 2./1. Jahrhundert v. Chr. scheint man das Fest mit der Göttin Juno in Verbindung gebracht zu haben.

Ein weiteres Fest, das man Anfang Juli feierte, waren die *Poplifugia* (in etwa: „Flucht des Volkes"), und es ist in der Forschung umstritten, ob und in welcher Form die beiden Feste identisch waren oder gemeinsam gefeiert wurden. Der griechische Biograph Plutarch setzt beide gleich und erinnert an den Anlass des *Poplifugia*-Festes.

Auf dem Hügel namens Quirinalis steht ein Tempel zu Ehren des Romulus, und den Tag, an dem man an sein Verschwinden erinnert, nennt man *Poplifugia* oder *Nonae Capratinae*, weil man die Stadt verlässt, um im Ziegensumpf Opfer darzubringen; und *capra* ist Latein für „Ziege". Und während sie dorthingehen, um zu opfern, rufen sie lokale Namen wie Marcus, Lucius und Gaius, in Anlehnung an die Art und Weise, wie die Menschen am Tag, als Romulus verschwand, einander in ihrer Angst und Verwirrung riefen.

(Plutarch, Rom. 29)

Ab 304 v. Chr. fand jedes Jahr an den Iden des Juli (15.7.) zu Ehren von Castor und Pollux die *transvectio equitum* statt, ein „Umzug der Ritter", bei dem die römische Kavallerie durch die Stadt paradierte und sich feiern ließ. Vom Tempel der Virtus und des Honos aus ging der Umzug über das Forum Romanum bis zum kapitolinischen Jupitertempel. Im Bürgerkriegsjahrhundert geriet die *transvectio equitum* eine Zeitlang in Vergessenheit, bis Augustus sie wiederbelebte. Anschließend blieb diese Tradition bis ins 4. Jahrhundert n. Chr. bestehen.

August

Im August gab es nur vereinzelte kleinere Festlichkeiten. Wichtig war vor allem das zweite große Weinfest des Jahres, die *Vinalia rustica* (oder *altera*) am 19. August. Es waren nur noch wenige Wochen bis zur Weinlese, und gerade in dieser Zeit ist eine stabile Witterung vonnöten, damit der Wein nicht verdirbt. Dieses „bäuerliche Weinfest“ wurde, anders als die *Vinalia urbana*, wie der Name schon sagt, nicht in der Stadt gefeiert, sondern auf dem Land, in den Weinbergen. In der Frühzeit Roms hatten die Auguren dabei die Aufgabe, mittels Zaubersprüchen sicherzustellen, dass die Weinernte erfolgreich sein würde. Im Gegensatz zum Weinfest im April stand bei diesem Fest deutlich Jupiter im Vordergrund der Kulthandlungen.

Zwei Tage später (nach anderen Quellen am 18.8.) fanden die *ludi Consualia* statt, Spiele zu Ehren des Consus, des Gottes des eingebrachten Getreides; charakteristisch für dieses Fest waren Pferde- und vor allem Eselrennen, da der Esel Consus heilig war; im Circus Maximus gab es einen eigenen Altar für Consus. Dass man bereits zur Zeit des Augustus gar nicht mehr so recht etwas mit dieser Gottheit anzufangen wusste, zeigt eine Stelle beim Historiker Titus Livius, der schreibt, die *ludi Consualia* seien zur Zeit ihrer Entstehung unter Romulus dem Meeresgott Neptun heilig gewesen.

> Romulus traf, ohne sich anmerken zu lassen, wie sehr ihm dies missfiel, Vorkehrungen für Spiele, die er unter dem Namen Consualien einführen wollte, dem ritterlichen Neptun zu Ehren. Die Spiele ließ er in den benachbarten Städten ankündigen, und um Aufsehen zu erregen und die Erwartung zu steigern, richteten die Römer alles so feierlich her, wie sie es damals vermochten.
>
> (Livius 1.9)

Für diese Verbindung zu Neptun gibt es überhaupt keine anderen Belege oder Anzeichen; wahrscheinlich kommt das Missverständnis von den Pferderennen, denn Neptuns griechischer Entsprechung, Poseidon, war das Pferd heilig.

September

Das große traditionsreiche Fest im September waren die *ludi Romani* oder *ludi magni* (4.–14.9.). Zunächst waren es nur viertägige Circusspiele, diese wurden im Jahr 364 v. Chr. um Theaterspiele (*ludi scaenici*) ergänzt. Diese Theaterspiele bestanden zunächst wahrscheinlich aus Stegreif-Komödien, sogenannten Atellanen; im Jahr 240 v. Chr. jedoch führte Livius Andronicus im Rahmen dieser Spiele zum ersten Mal ein lateinisches Theaterstück auf – dieses Ereignis gilt als Initialzündung der römischen Literatur. Spätestens 191 v. Chr. dauerten die *ludi Romani* bereits 10 Tage, und in der späten Republik wurde das Fest auf 16 Tage ausgedehnt. In der Kaiserzeit fand auch hier, wie im November, ein *epulum Iovis* statt, ein großes Festmahl der Senatoren zu Ehren Jupiters (13.9.).

Cicero macht deutlich, welche große Aufgabe und zugleich Ehre es für ihn war, die *ludi Romani* ausrichten zu dürfen.

Jetzt bin ich zum Ädilen bestimmt worden; ich weiß, was die Nation mir gegeben und was ich ihr zu leisten habe: ich muß die heiligen Spiele zu Ehren der Ceres, des Liber und der Libera mit allem Pompe sorgfältig einrichten, der mütterlichen Göttin Flora zum Segen unserer gesamten Bürgerschaft Festspiele feiern, muß die uralte Feier, die wir die „römischen Spiele" nennen, würdig und prachtvoll veranstalten, auf daß Jupiter, Juno und Minerva uns fürder gnädig seien; ich weiß, mir ist die Erhaltung aller Gotteshäuser, ja die Sicherheit der ganzen Stadt anvertraut: wegen dieser Leistungen und Mühen sind mir alle die hohen Auszeichnungen zu teil geworden, Vortritt bei der Abstimmung im Senat, Ehrenzeichen an der Toga, der kurulische Sessel und das Recht, mein Bild zur Erhaltung meines Gedächtnisses der Nachwelt zu übermachen.

(Cicero, Verr. 2.5.36, Übersetzung: Friedrich Spiro)

Oktober

Im Oktober ging es einmal mehr um Wein: Am 11. Oktober beging man die *Meditrinalia* und verkostete (und opferte) zum ersten Mal den neuen Most, den man mit Wein vom Vorjahr mischte. Die Bezeichnung leitet sich vom lateinischen Wort für „heilen" (*mederi*, vgl. Medizin) ab, denn man nahm an, dass der junge Wein zusammen mit dem alten der Gesundheit besonders förderlich sei. Wie die anderen Weinfeste stand im zeremoniellen Teil des Festes Jupiter im Vordergrund. Im Rahmen der *Meditrinalia* ist eine außergewöhnliche Entwicklung zu beobachten: Im 2. Jahrhundert n. Chr. taucht auf einmal die Gesundheitsgöttin Meditrina in der Literatur auf, und es scheint, als sei sie erst im Nachgang zu diesem alten Weinfest erfunden worden.

Im Monat Oktober, so sagt man, bringt der Tag der *Meditrinalia* Heilung, denn Flaccus sagte, dass ein Marspriester an diesem Tag neuen und alten Wein als Trankopfer darzubringen und zu trinken pflegte, um seiner heilenden Kraft willen; weil man das immer tat, pflegt man auch heute noch zusagen: „Ich trinke neuen und alten Wein: So heile ich mich von neuer und alter Krankheit."

(Varro, ling. 6.3)

Mitte Oktober fanden kurz hintereinander zwei wichtige rituelle Feste zu Ehren des Kriegsgottes Mars statt: Das erste war das sogenannte „Oktoberpferd" (*equus October*). Hierzu wurde am 15. Oktober ein Wagenrennen auf dem Marsfeld veranstaltet, bei dem Zweispänner gegeneinander antraten, und eines der zwei siegreichen Pferde wurde anschließend geopfert. Aus dem Blut dieses Pferdes wurde höchstwahrscheinlich das *suffimen* hergestellt, ein Räuchermittel zur rituellen Reinigung, das man im April bei den *Parilia* verwendete (eventuell zusammen mit der Asche der an den *Fordicidia* getöteten ungeborenen Kälber). Die Ursprünge dieses Brauchs gehen wahrscheinlich bis nach Troja zurück, wo man laut Timaios ein Pferd tötete, um den Fall der

Stadt durch das mythische Trojanische Pferd rituell zu rächen. Kurze Zeit später, am 19. Oktober, erfolgte das *Armilustrium*, die feierliche rituelle „Reinigung" der Waffen, mit Armeeparade, Tieropfern und Saliertänzen auf dem Aventin. Ursprünglich diente der Brauch dazu, die Waffen winterfest zu machen und einzulagern (in archaischer Zeit, als man im Winter generell nicht kämpfte).

November

Im November fanden die *ludi plebeii* statt, die „plebejischen Spiele" (4.–17.11.). Anders als die meisten übrigen *ludi* fanden die Spiele bei diesem Fest traditionell im Circus Flaminius statt, am Südende des Marsfelds, der viel kleiner als der Circus Maximus war. Während der plebejischen Spiele feierte man das *Iovis epulum*, das „Festmahl des Jupiter" (13.11.), bei dem Statuen der drei kapitolinischen Hauptgötter auf weiche Kissen gebettet und symbolisch verköstigt wurden.

Publius Africanus der Ältere und Tiberius Gracchus, Vater von Tiberius und Gaius Gracchus, beide für ihre großen Heldentaten, die hohen Ämter, die sie innehatten, und die Rechtschaffenheit ihres Lebens bekannte Männer, waren oft unterschiedlicher Meinung, wenn es um öffentliche Fragen ging, und aus diesem Grund (oder einem anderen) waren sie keine Freunde. Als dieser Zustand schon eine ganze Weile gedauert hatte, wurde an dem dafür bestimmten Tag das *Iovis epulum* gefeiert, und im Rahmen der Zeremonie traf sich der Senat auf dem Kapitol zum Festmahl. Zufällig lagen die beiden Männer nun nebeneinander bei Tisch. Und da – als hätten die unsterblichen Götter, die beim Festmahl des Jupiter Optimus Maximus als Schiedsrichter handeln, einander die Hände gereicht – wurden sie beste Freunde. Und nicht nur das: ihre Familien wurden sogar durch den Bund der Ehe vereint.

(Aulus Gellius 12.8.2)

Dezember

Neben diversen kleineren Feierlichkeiten, die im Dezember begangen wurden, fand am 4. Dezember eines der wichtigsten kultischen Feste statt: das Fest der *Bona dea*, der „guten Göttin", einer römischen Fruchtbarkeitsgottheit. Dabei feierten die Priesterinnen der Göttin Vesta zusammen mit ausgewählten Frauen der römischen Oberschicht im Haus des Pontifex Maximus, des obersten römischen Priesters, geheime Riten. An diesen Riten durfte kein Mann teilnehmen, auch nicht der Pontifex Maximus – ja nicht einmal männliche Tiere durften sich am Abend des 4. Dezember auf seinem Grundstück befinden. Daher wissen wir auch bis heute nicht, was dabei genau vor sich ging.

Der Bona-Dea-Skandal

Im Jahr 62 v. Chr. kam es zu einem Skandal, als dem Politiker Clodius Pulcher gelang, sich während des *Bona-Dea*-Fests ins Haus des Pontifex (der damals Gaius Julius Caesar war) einzuschleichen – als Frau verkleidet! Cicero schreibt darüber voll Empörung in einem Brief an seinen Freund Atticus.

Ich nehme an, du hast schon davon gehört, dass man Publius Clodius, den Sohn des Appius, in Frauenkleidern in Caesars Haus erwischt hat, als dort das Opfer fürs Volk stattfand, und dass es ihm mithilfe einer Sklavin gelang, zu fliehen. Die Sache hat sich zu einem regelrechten Skandal ausgeweitet, und ich bin sicher, du findest es ebenfalls abscheulich.

(Cicero, Att. 1.12)

Unser heute in kultureller Hinsicht wichtigstes und bekanntestes Fest ist Weihnachten. Man kann sich ihm nicht entziehen, und jeder macht mit – selbst Atheisten stellen Weihnachtsbäume auf, und in Deutschland feiern sogar viele Muslime Weihnachten. Denn letztlich geht es dabei ja meist weniger um den Anlass (die Geburt Jesu) als vielmehr um das Festliche, um Familie, Beisammensein, gutes Essen und Geschenke. Dass wir unser Weihnachtsfest Ende Dezember feiern, liegt natürlich mitnichten daran, dass Jesus von Nazareth am 25. Dezember zur Welt gekommen wäre. Es liegt vielmehr an diversen Faktoren, zu denen auch das Fest der Wintersonnenwende (21./22. Dezember) gehört, das man im nördlichen Europa feierte und das christliche Missionare nur zu gerne aufgriffen, um den „Heiden" ihren Gott näherzubringen. Ebenfalls eine Rolle spielte ein Fest, das in Rom das beliebteste des Jahres war und seinerseits ebenfalls eine Variante des Sonnenwendfestes: Gemeint sind die Saturnalien (*Saturnalia*).

Dieses Fest zu Ehren des Gottes Saturn fand traditionell am 17. Dezember statt; unter Caesar wurde es 45 v. Chr. auf eine ganze Woche ausgedehnt, bis zum 23., noch später sogar bis zum 30.12. Gerichtshöfe, Geschäfte und Schulen blieben geschlossen, das öffentliche Leben ruhte. Stattdessen wurde vor dem Saturntempel auf dem Forum Romanum dem Gott geopfert, anschließend waren alle Bürger zu einer großen öffentlichen Speisung eingeladen. Zuhause legten die römischen Bürger ihre Toga ab und zogen ein bequemes Festgewand an, setzten sich eine Filzkappe auf und genossen es, ihre Verantwortlichkeiten für eine gewisse Zeit los zu sein. Befreundete Familien besuchten einander gegenseitig, denn es hatte ja ausnahmsweise jeder frei, man aß gut und alle Römer machten einander Geschenke – genau wie wir es von unserem Weihnachtsfest kennen.

Die Saturnalien waren aber auch ein Fest, an dem sich die Rollen umkehrten. Die ansonsten verbotenen Würfelspiele wurden in aller Öffentlichkeit gespielt; so schreibt der Dichter Martial (11.6): „An den fetten Tagen des alten Sichelträgers Saturn, / an denen der Würfelbecher König ist, / erlaubst du es mir, oh Rom, mit der Filzkappe auf dem Kopf, / ein paar Verse rauszuschleudern, ohne dass ich mir viel Mühe gebe." Und auch andere Gesetze traten außer Kraft: Sklaven und Sklavinnen erhielten (natürlich nur symbolisch) den Status freier Männer und Frauen, und es ist überliefert, dass sich manche Herren sogar den Spaß erlaubten, ihre Sklaven bei Tisch zu bedienen. Honoré de Balzac schreibt dazu in der „Physiologie der Ehe“: „Am Saturnalientag entdeckten die Römer in zehn Minuten mehr über die Eigenschaften ihrer Sklaven, als sie sonst während des ganzen übrigen Jahres erfahren konnten! Du mußt in deiner Ehe Saturnalien einzurichten verstehen.“

Ein höchst unwillkommenes Saturnalien-Geschenk

Wenn ich dich nicht mehr als mein Augenlicht liebte,
liebster Calvus, für dieses Geschenk
würde ich dich hassen mit dem Hass eines Vatinius:
Was habe ich bloß getan, was habe ich gesagt,
warum willst du mich mit so vielen Dichtern so übel zurichten?
Die Götter sollen den Klienten bestrafen,
der dir so viel von üblen Schreiberlingen geschickt hat.
Wenn aber, wie ich fürchte, dieses neuartige und ausgesuchte
Geschenk von dem Elementarlehrer Sulla stammt,
dann ist es mir nicht lästig, sondern ich finde es gut und schön,
dass deine Mühe nicht umsonst gewesen ist.
Große Götter, so ein schreckliches, verfluchtes Büchlein,
das du deinem Catull sicherlich
geschickt hast, um mich einen ganzen Tag lang tödlich zu quälen,
und das ausgerechnet am besten aller Tage – den Saturnalien!
Nein, nein, so lasse ich dich, du Witzbold, nicht davonkommen:
Wenn die Sonne aufgeht, dann laufe ich zum Regal
des Buchhändlers; ich kaufe dir die Caesii, die Aquini,
den Suffenus – all dieses giftige Zeug –
und damit zahle ich es dir heim.
Ihr aber, geht inzwischen dahin zurück,
woher eure üblen Füße euch trugen,
ihr schlechtesten Dichter, Unglück unserer Zeit!

(Catull 14a)

Heute ist der Saturntempel eines der markantesten Bauwerke des Forum Romanum. In der Antike war er der Schauplatz eines großen öffentlichen Opfers im Rahmen der Saturnalien. In der Zeit der Republik beherbergte der Tempel den römischen Staatsschatz. Das erste Heiligtum für Saturn entstand an dieser Stelle bereits im 5. Jahrhundert v. Chr. Das heute zu bewundernde Podium wurde 42 v. Chr. errichtet, die Säulen stammen von 283 n. Chr.

An einigen deutschen Universitäten werden heute noch „Saturnalien“ gefeiert, die vor allem auf diese Beziehung von Herr zu Sklave abzielen und bei denen es Sitte ist, dass die Studenten ihren Professoren die Meinung sagen dürfen. Nicht zu Unrecht erinnert dies auch an den rheinischen Karneval, bei dem die Teilnehmer nicht nur per Verkleidung Rollen tauschen, sondern beim Festumzug möglichst heftig ihre „Herren“ und „Herrinnen“ (sprich: die Politiker) schelten – einmal im Jahr, wenn von München über Mainz bis Köln ausnahmsweise alles erlaubt ist – und das natürlich vor allem, weil es ohnehin keiner der Verantwortlichen ernst nimmt, weder bei den Professoren noch bei den Politikern.

Natürlich weiß jeder, dass der Karneval den Norddeutschen so fern ist wie einem Bayern das Fischbrötchen. Betrachtet man die Karnevalsregionen jedoch auf der Deutschlandkarte und vergleicht sie mit einem Geschichtsatlas, dann entdeckt man Erstaunliches: Die Grenze zwischen „Karneval" und „Nicht-Karneval" fällt im Prinzip mit der befestigten Grenze zwischen Germanien und dem Römischem Reich zur Kaiserzeit zusammen; daran hat nicht einmal die Tatsache etwas geändert, dass zwischen Dreißigjährigem Krieg und der Zeit Napoleons in Deutschland quasi kein Karneval stattfand. Die Beziehung zwischen Karneval und Saturnalien mag also noch enger sein, als wir glauben.

WEIN, WEIB UND GOTT: DER BACCHUSKULT

Das Wort „Orgie“ bezeichnet ursprünglich rituelle Handlungen im Bereich bestimmter religiöser Kulte der Antike, die nicht Teil der offiziellen Staatsreligion waren, sondern im Verborgenen stattfanden und nur Eingeweihten zugänglich waren: der Mysterienkulte.

Besonders prominent dabei war der Kult des Bacchus, der aus Griechenland importiert worden war und dessen Anhänger wilde „Bacchanalien“ feierten. Bacchus war der römische Gott des Weins und der rituellen Ekstase. Er hieß auch Liber Pater und war die römische Entsprechung des griechischen Gottes Dionysos, der über ei-

Marmorner Sarkophag mit Relief, das eine Bacchanalien-Szene zeigt. Römisch, 140–160 n. Chr., 204 × 50 × 66 cm. Ursprünglich aus der römischen Sammlung Farnese, seit 1870 in Neapel. Museo Archeologico Nazionale, Inv. Nr. 27710.

nen uralten Kult östlichen Ursprungs verfügte. Und im Rahmen dessen bediente man sich schon in prähistorischer Zeit des Alkohols, Cannabis und anderer Drogen – zur religiös-rituellen Ekstase. Genau hier hat das moderne Verständnis der „Orgie" seinen Ursprung.

Ein uralter Gott

Dionysos als religiös-mythische Gestalt lässt sich bis zu den Mykenern im 2. Jahrtausend v. Chr. zurückverfolgen, die ihn wahrscheinlich ihrerseits bereits von früheren Völkern übernommen hatten. Schon vor 9 000 Jahren stellte man Alkohol her, und der Rausch war von Anfang an ein fester Bestandteil des Dionysoskults – in seiner Mythologie wie in seiner Ausübung. Bei den Griechen erscheint Dionysos traditionell mit einem großen Gefolge, zu dem Mänaden (römisch: Bacchantinnen), der glatzköpfige Silen und mehrere Satyrn (römisch: Faune) gehören. Darstellungen von Dionysos und seinem Gefolge finden sich auf zahllosen griechischen Vasen; vor allem die Satyrn sind dort präsent, gerne auch in sehr expliziten Szenen – beim Sex mit Frauen, mit Männern oder miteinander.

Der Kult des Dionysos orientierte sich, wie viele ursprünglich im ländlichen Bereich angesiedelte Kulte, am Thema Tod und Wiedergeburt (wie sie Winter und Frühling symbolisieren) und an einer Befreiung von den starren Regeln der Zivilisation, einer Rückkehr zum Ursprünglichen mit den Mitteln der Ekstase. Das ist einer der Gründe, warum der Kult auch Randgruppen wie Frauen, Sklaven und Nichtgriechen ansprach. Dionysos hatte etwas Animalisches, das zugleich belebend, reinigend und befreiend war – so war er nicht nur der Gott des Weines und der Sinnenfreude, sondern auch der Gott der Verwandlung. Neben der Induktion der Ekstase durch berauschende Mittel wie Wein, Cannabis, halluzinogene Pilze oder Tollkirschen und das Abbrennen von Weihrauch war der Tanz ein wichtiges Medium dafür, eine Art religiöser Trance zu erreichen.

Der Bacchuskult hatte für viele Römer etwas Unheimliches, das sich in vielen literarischen Zeugnissen widerspiegelt. In Catulls Kleinepos c. 64 rettet Dionysos/Bacchus die von Theseus auf Naxos ausgesetzte Ariadne und wird von einem Teil seines Gefolges, den mythischen Bacchantinnen (griechisch: Mänaden), angekündigt. Am Ende macht er sie ebenfalls zu einer seiner Dienerinnen und rettet sie so vor dem einsamen Tod auf der unbewohnten Insel. Aus Catulls Beschreibung der Bacchantinnen sprechen zugleich Faszination und Erstaunen.

Da kam aus der anderen Richtung der mächtige Bacchus herbei
mit seinem Gefolge aus Satyrn und Silenen aus Nysa;
dich suchte er, Ariadne, und er war von Liebe entflammt.
Mit besessenem Geist tobten die Bacchantinnen umher,
riefen „Euhoe! Euhoe!" und schüttelten ihre Köpfe;
ein Teil von ihnen schwang an der Spitze geschmückte Thyrsosstäbe,
ein Teil warf die Glieder eines zerfleischten jungen Stiers herum,
ein Teil band sich gewundene Schlangen um,
ein Teil feierte geheime Orgien mit leeren Kisten,
über die etwas zu erfahren sich die Uneingeweihten vergebens bemühen;
andere schlugen mit ausgestreckten Händen das Tympanon
oder ließen feines Erz mit zartem Geklingel ertönen,
viele von ihnen ließen durchs Horn dumpfes Gebrumme erschallen,
und die fremdländische Flöte zischte mit ihrem erstaunlichen Klang.

(Catull 64.251 ff.)

Selbstverständlich sahen viele Herrscher diesen Kult als staatszersetzend an, denn in gewisser Hinsicht war das ja genau sein Zweck – wenn auch weniger auf politischer Ebene als vielmehr auf der Ebene des persönlichen Bewusstseins. Doch alle Bemühungen, ihn zu unterdrücken oder ganz zu verbieten, scheiterten, sodass der attische Staat den Dionysoskult schließlich als Staatsreligion für sich vereinnahmte und die Dionysien einführte. Dieses im Frühjahr veranstaltete Fest war in Athen der kulturelle Höhepunkt des Jahres. Neben Festumzügen und Opfern fanden im Rahmen dieser über eine Woche dauernden städtischen Dionysien die Wettkämpfe zwischen den Dramatikern statt, im Rahmen derer Jahr für Jahr die neuen Tragödien und Komödien aufgeführt und prämiert wurden – im Dionysostheater am Fuße der Akropolis. Dort wurde über 1 000 Jahre lang Theater gespielt.

Bacchus, der Eroberer

Eines der beliebtesten Bacchusmotive in der bildenden Kunst war lange der sogenannte „Triumph des Bacchus", der die mythische Eroberung des Ostens, manchmal bis nach Indien, durch den Kult des Weingotts beschrieb. Es war eine Eroberung ohne Schwert und Lanze, sondern mit dem Thyrsosstab, einem der bacchischen Insignien, also ohne Gewalt, sondern mit Mitteln der Kultur, des Genusses, des Feierns. „*Make love, not war*" – so könnte man auch sagen. Und da man schon einmal den triumphierenden Bacchus zeigte, inkorporierte man in den „Triumph des Bacchus" oft gleich noch kurzerhand den Ariadne-Mythos.
Darstellungen dieses Motivs finden sich auf antiken Mosaiken und Sarkophagen und selbst noch in der Malerei der Renaissance und darüber hinaus. Bedenkt man jedoch, dass die Griechen Bacchus bzw. Dionysos ja ursprünglich von den älteren Kulturen des östlichen Mittelmeerraums übernommen hatten, war es geradezu ein absurder Gedanke, den Osten durch Bacchus „zivilisieren" zu wollen – geschweige denn, ihm den Wein zu bringen.

„Vergiftungen und Familienmorde": Dionysos in Italien

Im 3. Jahrhundert v. Chr. waren der aus Griechenland importierte Bacchuskult und seine Feste, die Bacchanalien, bereits in Mittel- und Süditalien heimisch. Zu den Mitgliedern des Kults zählten (wie schon in Griechenland) viele Frauen, was der patriarchalischen Obrigkeit überhaupt nicht passte. Als weitaus schlimmer empfanden die Offiziellen jedoch, was bei den Bacchanalien, wie man sich hinter vorgehaltener Hand erzählte, so vor sich ging: Berauscht durch Unmengen an Drogen wie Wein und halluzinogenen Pflanzen kleideten sich die Bacchusanhängerinnen und anhänger in Tierhäuten und Fellen, veranstalteten Tieropfer und Sexorgien. Wohlgemerkt, solche Details erzählten sich vor allem die Menschen außerhalb des Kults, der ja im Geheimen operierte – und man kann davon ausgehen, dass zumindest ein Teil dieser Erzählungen eher verleumderischen Charakter hatte. Dass der Rausch ein wichtiger Bestandteil der Riten war, gilt indes als unbestritten, und seitdem der Mensch Alkohol herstellt (also seit der Jungsteinzeit, vor etwa 9 000 Jahren) war der alkoholische Rausch Teil religiöser Zeremonien. Dass dies in Rom so ausgeartet zu sein scheint, mag damit zusammenhängen, dass viele Menschen in der römischen Gesellschaft, die sich in erster Linie als ernsthaft und konservativ definierte, ein Ventil brauchten, das sie für kurze Zeit dieser Gesellschaft entzog. Auch das für Norddeutsche schwer nachvollziehbare Massenbesäufnis „rheinischer Karneval" ist so eine zeitlich begrenzte Flucht vor der strengen Obrigkeit, er beschränkt sich auf katholische Gegenden und ist gerade in der Stadt besonders „ausgelassen", die traditionell die konservativsten Bischöfe hat: Köln.

Der Schweizer Dichter Conrad Ferdinand Meyer (1825–1898) versetzt einen Bacchus-Umzug kurzerhand in die Gegenwart und in seine Heimat und lässt ihm einen katholischen Mönch begegnen.

Bacchus in Bünden

Wo stürzend aus rätischen Klüften der Rhein
Um silberne Hüften sich gürtet den Wein[,]
Ziehn paukende Masken mit Zimbelgeläut
„Du Traube von Trimmis, dich wimmeln wir heut!"

Sie treten den Reigen, sie stampfen den Chor[,]
Da dunkelts und lodern die Fackeln empor:
Ein Kranz in den Lüften! Ein wirbelndes Paar!
Ein brennender Nacken! Ein purpurnes Haar!

Die Fackeln verlöschen. Es hebt sich der Glanz
Des schimmernden Monds und vergeistert den Tanz –
Ein adliger Jüngling von fremder Gestalt
Bemeistert den Reigen mit Herrschergewalt.

Er schwebt in der Mitte, bekränzt und allein,
Mit leuchtenden Füssen in himmlischem Schein,
Die Schulter umflattert getigertes Fell,
Er trägt einen Zepter, der kühne Gesell.

Er neigt ihn vor Irma, der träumenden Maid:
„In nachtdunkle Haare taugt blitzend Geschmeid!"
Er greift in den Himmel mit mächtiger Hand,
Er raubt aus den Sternen ein flimmerndes Band:

Schön Irma schwebt hin mit dem Krönlein von Licht,
Als fesselte fürder die Erde sie nicht,
Er schwingt ihr zu Häupten den Thyrsus, umrankt[]
Mit üppigem Laube, von Trauben umschwankt...

Zwölf Schläge verkünden die Mitte der Nacht.
Der Reigen ermüdet. Das Fest ist vollbracht!
„Herunter die Masken! So will es der Brauch!
Du Führer des Reigens, entlarve dich auch!

Wir sind unser zwanzig, und voll ist die Zahl!
Wer bist du, der frech in die Gilde sich stahl?
Ein Gaukler? Ein Zaubrer? Sprich, wie du dich nennst!
Sonst fürcht unsre Messer, bist du kein Gespenst!"

Ein Mönchlein, ein zechend entschlafnes, wird reg:
„Wer bist du? Der Satan? Dir weis ich den Weg!"
Er zeichnet ein Kreuz. „Nun entmumme dich nur!
Ich bin der gelehrte Pankrazi von Cur!"

Der Jüngling entlarvt ein von Eppich umlaubt,
Ein hohes, ein mildes, ein gnädiges Haupt
„Zu Füssen dem Herrscher, vermessen Gesind.
Ich bin Dionysos, des Donnerers Kind!"

Er lächelt dem Mönch in das feiste Gesicht:
„Silenos, Silenos, verleugne mich nicht!
Mich hat seine Gnaden, der Bischof, gebannt
Und ist doch mein treuster Bekenner im Land.

Weinfröhliche Räter, etrurisch Geschlecht,
Ihr habt schon am Reno gehörig gezecht,
Doch hüben am Rhein in germanischer Mark
Bezecht ihr euch doppelt und dreimal so stark!"

(Conrad Ferdinand Meyer: Sämtliche Gedichte, Stuttgart 1986)

„Bacchusfest zur Zeit der Christenverfolgungen unter Nero". Holzstich nach Celestin Mato Medović, 1894. Medović war ein kroatischer Historienmaler, der in jungen Jahren in einen Franziskanerorden eintrat. Die Malerei erlernte er in einem Kloster in Rom und später an der Münchner Kunsthochschule.

Natürlich war diese Zügellosigkeit vielen Römern ein Dorn im Auge, und sie sahen die ausschweifenden Bacchusfeste als veritablen Verfall der Sitten an. Viele konservative Römer jener Zeit fürchteten eine kulturelle Überfremdung durch den Einfluss aus dem griechischen Osten. „Griechisch" und „Grieche" waren lange Zeit Schimpfwörter in Rom, und viele empfanden die „verweichlichte" griechische Kultur als kompletten Gegensatz zur römischen *severitas*. Ganz ähnlich war dies übrigens bereits bei den Griechen gewesen, die den Einfluss aus dem persischen Osten abzuwehren versuchten, der wiederum in ihren Augen von Dekadenz und „weibischem" Verhalten der Männer geprägt war. 186 v. Chr. machte der Staat Nägel mit Köpfen: Man verhaftete zahlreiche Anhänger des Bacchus – eines der ersten Beispiele für eine Verfolgung einer religiösen Minderheit durch den Staat (der Historiker Titus Livius schreibt, etwa 7000 Bacchusjünger seien hingerichtet worden, doch das ist sicher maßlos übertrieben).

Der Senatsbeschluss zum Verbot der Bacchanalien

HOMINES·PLOVS·V·OINVORSEI·VIREI·ATQVE·MVLIERES·SACRA·NE·QVISQVAM·FECISE·VELET·NEVE·INTER·IBEI·VIREI·PLOVS·DVOBVS·MVLIERIBVS·PLOVS·TRIBVS·ARFVISE·VELENT·NISEI·DE·PRVRBANI·SENATVOSQVE·SENTENTIAD·VTEI·SVPRAD·SCRIPTVM EST

Es dürfen von nun an niemals mehr als fünf Personen, ganz gleich ob Männer und Frauen, zusammen ein Ritual abhalten, und es dürfen nicht mehr als zwei Männer oder mehr als drei Frauen zusammen an einem Ritual teilnehmen, ohne dass diesbezüglich vom städtischen Prätor oder dem Senat eine Genehmigung erteilt worden ist, wie es oben beschrieben worden ist.

(CIL 1.581)

Da die Überlieferung wie so oft jedoch nur die Sicht der Machthabenden darstellt, muss man bei solchen Informationen indes immer vorsichtig sein, wenn es um den Wahrheitsgehalt geht. Allzu oft stecken dahinter politische Motive. Und so ging es auch in diesem Fall dem römischen Senat wohl eher darum, unrömische Einflüsse aus dem Ausland (in diesem Fall Griechenland) zu bekämpfen, bevor sie sich politisch manifestieren konnten. Der Bacchuskult ließ sich dadurch natürlich nicht auflösen, er wanderte nur noch weiter ab in den Untergrund.

Dennoch blieb Bacchus natürlich einer der kanonischen Götter, und auch sein offizielles Fest, die *Liberalia* am 17. März, wurde bald wieder gefeiert – allerdings beziehen sich diese mit ihrem Namen ja auch auf den älteren indigen römischen Fruchtbarkeitsgott Liber, dem Dionysos gleichgesetzt wurde und der „Bacchus" zunächst nur als alternativen Namen trug. Zudem scheinen nach 186 v. Chr. zunächst keine *Liberalia* mehr stattgefunden zu haben, bis man den Feiertag, von offizieller Seite reformiert, wieder einführte.

Livius schreibt knapp 200 Jahre danach über das Verbot der Bacchanalien und vermengt eine sensationslüsterne Schilderung der (Un)Sitten der Bacchusanhänger (mit einer deutlichen Betonung auf freizügigem Sex) mit Unterstellungen allgemein-krimineller Natur. Besonders aufschlussreich sind die „Morde", bei denen man keine Leiche fand – man kann sich seinen Teil denken. Livius schrieb zur Zeit des Augustus, und so orientiert sich der Text natürlich an der Staatsdoktrin, mit der Roms erster Kaiser die „guten alten Sitten" wiederherstellen wollte.

Ein gemeiner Grieche kam zuerst nach Etrurien, ohne irgendeine von jenen Geschicklichkeiten zu besitzen, deren das unterrichtetste aller Völker so manche zur Bildung des Geistes und des Körpers bei uns eingeführt hat – ein bloßer Opferpriester und Wahrsager, und zwar kein solcher, der durch unversteckte Ausübung gottesdienstlicher Gebräuche bei offener Angabe seines Erwerbes und seiner Lehre in den Gemütern ein heiliges Grauen zu wecken suchte, sondern er leitete einen geheimen und nächtlichen Gottesdienst. Die Geheimnisse der Weihe wurden zuerst nur wenigen mitgeteilt, dann wurden sie mehr allgemein unter Männern und Weibern. Um mehrere anzulocken, wurden die Reize des Weins und des Mahles mit dem Gottesdienste in Verbindung gesetzt. Wenn der Wein die Besinnung, wenn die Nacht und das Gemisch aus Männern und Weibern des zarteren Alters mit Bejahrteren jede schamhafte Entfernung vernichtet hatte, so führte dies zuerst zu Sünden der Unzucht aller Art, da sich jeder den Genuß dessen, wozu er sich am stärksten gelüstet fühlte, geboten sah: Allein die Entehrungen des eigenen und des anderen Geschlechts an freigeborenen Knaben und Weibern blieben nicht die einzige Art der Verbrechen, sondern falsche Zeugnisse, falsche Siegel, Testamente und Anklagen gingen aus derselben Werkstatt hervor; eben daraus Vergiftungen und Familienmorde, bei welchen zuweilen nicht einmal die Leichname zum Begräbnisse aufzufinden waren. Vieles unternahm hier die List, das meiste die Gewalt: Und die Gewalttat blieb unter der Hülle, weil man vor vielfachem Geheule, vor dem Getöse der Pauken und Schallbecken bei allen Schändungen und Mordtaten kein Hilferufen hören konnte. Dies verderbliche Übel zog sich wie eine ansteckende Seuche aus Etrurien nach Rom. Zuerst gab ihm die Größe der Stadt, für solche Übel geräumiger und empfänglicher, eine Verborgenheit.

(Livius 39.8 f., Übersetzung: Konrad Heusinger)

Bei Liber ist der Name Programm – selbstverständlich hängt der Name des Gottes mit dem lateinischen Adjektiv zusammen, das „frei" bedeutet. Der (fast schon pleonastische) Liber Liberator befreite die Menschen, aber nicht nur durch die enthemmende Wirkung des Alkohols – er war die Gottheit, die die Freiheit des römischen Bürgers gegenüber Sklaverei und Gefangenschaft verkörperte. Liber war bereits seit dem frühen 5. Jahrhundert v. Chr. im Staatskult verankert, kurz nach Beendigung der römischen Monarchie, also mehrere hundert Jahre, bevor der Dionysoskult aus Griechenland Einzug hielt und Liber immer öfter Bacchus genannt wurde – ein Name, der aus dem Griechischen stammt; dort war Bakchos ein alternativer Name für Dionysos, deshalb heißt die Euripides-Tragödie über die Dionysos-Anhängerinnen ja auch *Die Bakchen*.

Doch trotz der Verbote und Reformen hielt sich der Bacchuskult samt ausschweifenden Riten noch über Jahrhunderte, vor allem im Süden Italiens, wo er ja auch seinen Anfang gehabt hatte. Der Drang der Menschen nach der (zeitweisen) Flucht aus ihrem geregelten Alltag war in Rom ebenso stark wie in anderen Kulturen – und der Bacchuskult war nicht die einzige religiöse Strömung, die abseits der Öffentlichkeit operierte geheime Zeremonien beinhaltete. Der Magna-Mater-Kult existierte in Rom ebenfalls bereits im 2. Jahrhundert v. Chr. und huldigte der phrygischen Göttin Kybele. Die Priester dieses Kults, die *Galli*, kastrierten sich nach mythischem Vorbild freiwillig, und beim Initiationsritus wurden neue Anhänger mit dem Blut eines kastrierten und dann getöteten Stiers benetzt. Wie der Kult des

Auch der historische Roman *Ben Hur*, dem wir z. B. die völlig falsche Vorstellung verdanken, römische Galeeren seien von angeketteten Sklaven gerudert worden, lässt sich das Bacchusfest nicht entgehen – nur schade, dass das Kapitel genau dann endet, wenn die Orgie beginnt. Es ist halt (so der Untertitel des Originals) *„A Tale of the Christ"*, und da bleibt es ja gerne bei Andeutungen.

„Männer vom Tiber," rief er mit klarer Stimme, „laßt uns dieses Warten auf unsern Feldherrn in ein Bacchusfest verwandeln. Wen wählet ihr zum Vorsitzenden?"
Drusus erhob sich.
„Wer anders als der Festgeber soll den Vorsitz führen?" sagte er. „Antwortet, Römer!"
Sie antworteten mit lautem Beifallsgeschrei.
Messala nahm den Kranz von seinem Kopfe herab und reichte ihn Drusus, der auf den Tisch stieg und ihn feierlich im Angesichte aller auf Messalas Kopf zurücksetzte, ihn so zum Vorsitzer des Gelages krönend.
„Es kamen mit mir", sprach dieser, „einige Freunde hierher, die eben von einem Mahle aufgestanden waren. Damit unser Fest einen ehrwürdigen Brauch wahre, bringt denjenigen derselben hierher, der am meisten vom Wein überwältigt ist."
Als Antwort hörte man verschiedene Stimmen durcheinander rufen: „Hier ist er, hier ist er!" Man hob einen Jüngling vom Boden auf, wo er in seiner Trunkenheit liegen geblieben war, und brachte ihn herbei. Wegen seiner Schönheit und seines verweichlichten Aussehens hätte er wohl als der Gott des Weines selbst gelten mögen – nur wäre der Kranz von seinem Haupte gesunken und der Thyrsusstab seiner Hand entfallen.
„Hebt ihn auf den Tisch!" befahl der Vorsitzer.
Man fand, daß er nicht sitzen konnte.
„Hilf ihm, Drusus, wie die schöne Nyone dir helfen möge!"
Drusus nahm den Berauschten in seine Arme.
Dann rief Messala unter dem tiefsten Schweigen, zur schlotterigen Gestalt gewendet: „O Bacchus, größter der Götter, sei uns diese Nacht

gnädig! Für mich und diese deine Verehrer weihe ich dir diesen Kranz" – er nahm ihn ehrfurchtsvoll vom Kopfe ab – „und widme ihn deinem Altar im Haine der Daphne."
Er machte eine Verbeugung, setzte den Kranz wieder auf seine Locken und deckte, sich über den Tisch neigend, die Würfel ab, indem er lachend sprach: „Sieh, Drusus, beim Esel des Silen, der Denar ist mein!"
Es folgte ein Beifallssturm, daß der Boden erzitterte: die Orgie begann.

(Lewis Wallace: Ben Hur, Berlin 1906)

Bacchus zog auch der Magna-Mater-Kult viele Frauen an, vor allem aus der Unterschicht, und man tanzte ausgelassen zu östlicher Musik, wahrscheinlich auch unter dem Einsatz von Drogen. Dass man auch dieser sektenartigen Vereinigung wilde Orgien andichtete, versteht sich von selbst.

Wie lange sich die Riten des Bacchus im Römischen Reich hielten, zeigt eine Stelle beim christlichen Schriftsteller Augustinus, der sich gegen die Vorwürfe wehrt, die Christen praktizierten ihren Kult (anders als die Römer) nur im Verborgenen. Das nordafrikanische Madaura ist der Ort dieses Briefwechsels, und offenbar gab es dort eine Art karnevalistischer Prozession zu Ehren des Bacchus, die an das erinnert, was 186 v. Chr. verboten worden war.

Wenn du sagst, eure heiligen Riten seien besser als unsere, weil ihr eure Götter in aller Öffentlichkeit verehrt, während wir uns dazu an privaten Orten treffen, dann will ich dich erstens fragen, ob du den Liber vergisst, von denen ihr glaubt, ihn dürften nur ganz wenige Eingeweihte zu sehen bekommen. Und wenn du zweitens daran erinnerst, dass eure Religion in der Öffentlichkeit zelebriert wird, so willst du nach deinem eigenen Ermessen wohl nichts anderes erreichen, als dass wir die Dekurionen und die wichtigsten Leute eurer Stadt quasi in einem Spiegel betrachten, wie sie als wahnsinnige Bacchanten durch die Gassen laufen. Wenn bei einer solchen Feier tatsächlich ein Gott von euch Besitz ergreift, dann könnt ihr ja selbst erkennen, von welcher Art dieser Gott ist, wenn er euch dabei den Verstand raubt. Wenn ihr aber nur so tut – was sollen dann eure Geheimriten, die ihr in die Öffentlichkeit tragt? Was soll diese Lüge? Also: Warum könnt ihr nicht in die Zukunft sehen, wenn ihr vom Gott besessene Seher seid? Und falls ihr stattdessen doch klar bei Verstand seid: Warum reißt ihr den Umstehenden dann die Kleider vom Leib?

(Augustinus, ep. 17.4)

HEIL DIR IM SIEGERKRANZ: TRIUMPHZÜGE

Der Triumphzug oder auch einfach nur Triumph (*triumphus*) war in Rom die höchste militärische Ehrung und zugleich ein großes Volksfest. Dabei paradierte ein römischer Feldherr mit seinen Truppen durch die Straßen Roms, wenn er von einem siegreichen Feldzug zurückgekehrt war, und dankte den Göttern für seinen Sieg. Wann

Relief vom Bogen auf dem Forum Romanum, der zu Ehren des Siegs von Kaiser Titus im sogenannten Jüdischen Krieg (70 n. Chr.) aufgestellt wurde. Abgebildet ist der Triumphzug, bei dem ein traditioneller jüdischer siebenarmiger Leuchter als Kriegsbeute mitgeführt wird.

diese Sitte ihren Ursprung hatte, ist unbekannt, Triumphzüge wurden schon der mythischen Vorzeit Roms zugesprochen. Der Triumphzug entwickelte sich daraus, dass die Menschen einem militärischen Befehlshaber spontan am Rand der Straße zujubelten, wenn er heimkehrte – und das natürlich nicht nach einer Niederlage. In Verbindung mit dem religiösen Brauch, dem Jupiter zu opfern, wodurch der Feldherr und seine Soldaten vom Krieg und seinen Untaten rituell gereinigt wurden, entstand so in republikanischer Zeit eine Institution mit sehr strengen Regeln. Ein Triumphzug musste einem Feldherrn eigens vom Senat verliehen werden. Weigerte sich der Senat, trotz erwiesener militärischer Leistung einen Triumph zu erteilen, so konnte sich der Betreffende an die Volksversammlung wenden – so tat es z. B. der Diktator Gaius Marcius Rutilus, der in den 350er Jahren v. Chr. die Etrusker besiegte (Marcius war Plebejer, und der Senat hielt es nicht für angemessen, ihn wie „einen von ihnen" zu ehren).

Neben der Zustimmung des Senats war die Verleihung eines Triumphs (zumindest theoretisch) noch an weitere Voraussetzungen gebunden: Der Krieg musste im Vorfeld durch die Riten der Fetialen-Priester als *bellum iustum* („gerechter Krieg") eingestuft worden sein, mindestens 5 000 Feinde mussten darin getötet worden sein und der Empfänger des Triumphs musste beim betreffenden Feldzug das Oberkommando geführt haben. In der Zeit der Republik war der Aspirant in der Regel Konsul, Prätor, Proprätor oder Diktator, auf jeden Fall musste der Senat ihm das *imperium*, die militärische Befehlsgewalt, verliehen haben. Augustus ließ das letzte Mal im Jahr 19 v. Chr. einen Senator mit einem Triumph ehren, in der Kaiserzeit feierten dann nur noch die Kaiser Triumphzüge.

Wie die Umzüge im Einzelnen tatsächlich aussahen, ist trotz vieler Beschreibungen leider nicht ganz klar; wir besitzen zwar eine ganze Reihe literarischer Darstellungen von Triumphzügen, vor allem aus der Kaiserzeit, diese beschreiben aber wohl eher stereotyp ein Idealbild des Triumphs als das, was tatsächlich dabei passierte. Immerhin

Der augusteische Historiker Livius schreibt über den Triumphzug des Konsuls Gaius Cornelius Cethegus im Jahr 197 v. Chr. für dessen Sieg in der Gallia Cisalpina.

Dem Cajus Cornelius wurde der Triumph einmüthig zuerkannt, und diese günstige Stimmung für den Consul wurde noch durch die Gegenwart der Flacentiner und Cremoneser verstärkt, welche ihm ihre Dankbarkeit bezeigten und es rühmten, daß er ihre belagerte Stadt entsetzt und sehr viele von ihnen in Feindes Lande aus der Sklaverei errettet habe. Quintus Minucius, der den Antrag bloß versuchte, erklärte, als er den ganzen Senat gegen sich sah, er werde vermöge des ihm als consularischem Oberbefehlshaber zustehenden Rechts und nach dem Beispiele so vieler angesehenen Männer seinen Triumphzug auf dem Albanerberge halten.

Cajus Cornelius triumphirte noch in seinem Amte über die Insubren und Cenomaner. Viele Fahnen wurden zur Schau getragen, eine Menge Gallischer Beute zog auf eroberten Kriegswagen durch die Straßen und viele vornehme Gallier gingen seinem Wagen vorauf, unter welchen nach einigen Schriftstellern der Punische Feldherr Hamilcar gewesen sein soll. Noch mehr aber zog die Schar von Cremoneser und Placentiner Pflanzbürgern, die mit Hüten bedeckt dem Wagen folgten, die Augen Aller auf sich. Dem Schatze führte er in diesem Triumphe zweihundert siebenunddreißig tausend fünfhundert Kupferass zu und neunundsiebzig tausend Silberdenare. Jeder Soldat erhielt zu seinem Antheile siebzig Kupferass, doppelt so viel der Ritter, der Hauptmann das Dreifache.

(Livius 33.23, Übersetzung: Konrad Heusinger)

lassen sich daraus jedoch einige Gesetzmäßigkeiten für den Triumph ableiten: Der Triumphator legte eine purpurne, manchmal zusätzlich goldbestickte Toga und eine bestickte Tunika an, trug den berühmten Lorbeerkranz und hielt ein Adlerszepter und einen elfenbeinernen Stab. So ausgestattet, fuhr er auf einer Quadriga durch Rom, deren Pferde, beginnend mit Caesar, ausschließlich Schimmel waren. Hinter ihm auf dem Wagen stand ein Sklave, der über seinem Kopf einen Kranz aus goldenen Eichenblättern hielt, die *corona Etrusca*, die im kapitolinischen Jupitertempel aufbewahrt wurde.

Ihm folgten bildliche Darstellungen der Ereignisse des Kriegs, dann kamen die Kriegsgefangenen (in Ketten) sowie Männer, die die Kriegsbeute trugen oder auf Wagen zogen. Am Ende marschierte das unbewaffnete Heer des Feldherrn. Der Triumphzug folgte einer festgelegten Route durch Rom, vom Marsfeld über das Forum bis hin zum Jupitertempel auf dem Kapitol. Dort fand als Abschluss des Triumphs ein Opfer statt. Zur Zeit der Republik legte der Triumphator mit diesem symbolischen Akt zugleich seine militärische Befehlsgewalt nieder – später für den Kaiser galt das natürlich nicht.

Neben diesen in Rom gefeierten Triumphen gab es auch gelegentlich während eines Feldzugs kleinere Abarten des Triumphzugs, die sich auf die vor Ort stationierten Soldaten beschränkten und im Feldlager stattfanden. Ein solcher Triumphzug nannte sich *castrensis triumphus*, und damit konnte der Feldherr beispielsweise besonders verdiente Untergebene ehren lassen, denen seitens des römischen Senats ja gar kein offizieller Triumph zustand. „Lagertriumphe“ sind beispielsweise für Titus’ Feldzug gegen die Aufständischen im Jüdischen Krieg bezeugt, auf dem der Kaiser nebenbei in Syrien aufwendige und teure Spektakel veranstalten ließ, bei denen die besiegten Juden ihre eigene Niederlage nachspielen mussten.

Abgesehen davon, dass sich hier der Triumphator (der sich fortan für den Rest seines Lebens *vir triumphalis,* „Mann des Triumphs“, nennen durfte) selbst feierte bzw. feiern ließ (nicht zuletzt von den Römern, die den Straßenrand säumten und ihm mit lauten *„io triumphe!*“-Rufen zujubelten, gab es noch einen anderen Aspekt des Triumphs, und dieser mag es genauso gewesen sein wie die Freude über einen römischen Sieg, der die Massen begeisterte: Im Rahmen eines Triumphs gab es in der Regel die sprichwörtlich gewordenen „Brot und Spiele“: Sobald das öffentliche Opfer vorüber war, gab es

Triumph × 4

Im Zuge seiner triumphalen Rückkehr nach Rom im Jahr 46 v. Chr. gewährte der Senat Julius Caesar einen vierfachen Triumph für seine zahlreichen Leistungen.

So ging Caesars Krieg in Afrika zu Ende, und als er nach Rom zurückkehrte, konnte er vier Triumphzüge feiern: einen für seine Kriege in Gallien, im Rahmen derer er viele große Völker der römischen Herrschaft hinzugefügt hatte und einige unterworfen, die revoltiert hatten, einen für seinen pontischen Krieg gegen Pharnakes, einen für den Krieg in Afrika gegen die afrikanischen Verbündeten von L. Scipio, bei dem er den Historiker Juba (der Sohn des Königs Juba), zu dem Zeitpunkt noch ein Kind, gefangen nahm. Zwischen dem gallischen und dem pontischen Triumphen führte er als Erster noch einen ägyptischen Triumph durch, bei dem er einige Gefangene vorführte, die er in der Schlacht auf dem Nil gemacht hatte.
Obwohl er Sorge trug, dass bei seinem Triumph keine römischen Namen genannt wurden (in seinen Augen wäre dies unschicklich gewesen, in den Augen der Römer hätte es als unheilvoll gegolten), waren alle diese Unglücklichen dennoch in den Prozessionen vertreten – durch verschiedene Bilder, die zeigten, was geschehen war, sowie die daran beteiligten Personen. Nur Pompeius fehlte. Er hatte beschlossen, ihn nicht zu zeigen, da manche Menschen immer noch um ihn trauerten. Obwohl sie eingeschüchtert waren, stöhnten die Leute auf bei den Katastrophen, die ihre eigenen Landsmänner erlitten hatten, und vor allem, als sie [Bilder davon] sahen, wie Befehlshaber Lucius Scipio sich in die Brust stach und ins Meer stürzte, wie Petreius beim Bankett Selbstmord beging und wie Cato sich selbst zerriss wie eine wilde Bestie. Die Menschen beklatschten den Tod von Achillas und Pothinos, und sie lachten über die Flucht des Pharnakes.
Man sagt, in der Prozession seien Geld in Höhe von 60 500 Talenten Silber mitgeführt worden und 2 822 Kronen aus Gold mit einem Gewicht von insgesamt 20 414 Pfund – ein Reichtum, den Caesar unmittel-

bar nach dem Triumph verteilen ließ, so dass er seinem Heer alles Versprochene zahlte – und mehr: Jeder Soldat erhielt 5 000 attische Drachmen, jeder Zenturio das Doppelte, jeder Tribun der Infanterie und Präfekt der Kavallerie das Vierfache dieser Summe. Jeder Plebejer erhielt eine attische Mine.

Es gab auch verschiedene Spektakel mit Pferden und Musik, einen Schaukampf der Infanteristen mit 1 000 Mann auf jeder Seite, und ein Reitergefecht, mit 200 auf jeder Seite; außerdem gab es einen Kampf mit Fußsoldaten und Reitern zugleich, einen Kampf mit Elefanten, zwanzig gegen zwanzig, und eine Seeschlacht mit 4 000 Ruderern und 1 000 Soldaten auf jeder Seite.

Er errichtete Venus, seiner Urahnin, einen Tempel, wie er es, kurz bevor die Schlacht von Pharsalos begann, gelobt hatte, und rund um den Tempel legte er ein Forum für das römische Volk an, nicht für Kauf und Verkauf, sondern als Treffpunkt für öffentliche Transaktionen, wie es die öffentlichen Plätzen der Perser sind, wo sich die Menschen versammeln, um Gerechtigkeit zu suchen oder die Gesetze zu erlernen. Er stellte dort neben der Statue der Göttin ein wunderschönes Bild der Kleopatra auf, das dort bis heute steht.

(Appian, civ. 2.101)

für die Teilnehmer der Prozession und die Schaulustigen zumeist Zirkusspiele sowie viele andere Belustigungen – und etwas zu essen. Viele Kriege brachten reiche Beute ein, und es war Sitte, dass der Triumphator diese Veranstaltungen mit seinem Anteil an der Beute sponserte. Vor allem in der Zeit der Republik konnte der Betreffende sich so prächtig in Szene setzen und Werbung für sich machen – zumal ein Triumph mit einem oder (je nach Geldbeutel des Veranstalters) mehreren Feiertagen außer der Reihe einherging. Marcus Fulvius Nobilior, der Konsul des Jahres 189 v. Chr., finanzierte nach seinem Sieg über den Aitolischen Bund öffentliche Spiele, die ganze 10 Tage dauerten.

Es sind zwar Zeugnisse überliefert, die Festbankette für die Masse erwähnen, so für den Triumph von Lucullus im Jahr 63 v. Chr., bei dem nicht nur in Rom, sondern auch in den umliegenden Dörfern auf diese Weise gefeiert wurde. Dennoch ist davon auszugehen, dass dabei nur die römische Elite bei Tisch verköstigt wurde – wahrscheinlich gab es für die einfachen Leute Einrichtungen, wo sie sich Speisen oder Lebensmittel abholen konnten. Überhaupt scheinen diese Bankette in der republikanischen Zeit kaum stattgefunden zu haben, sondern haben sich erst in der Kaiserzeit eingebürgert.

Der jüdischstämmige Historiker Flavius Josephus beschreibt die Verköstigung der Massen im Rahmen des Triumphzugs von Kaiser Titus nach der Eroberung Jerusalems.

Einige der Zuschauer unterhielt der Kaiser mit einem eigenen Festmahl, und für alle anderen gab es fertig zubereitete edle Speisen, die sie zum Schlemmen mit nach Hause nehmen konnten. Denn in Rom war dies ein Feiertag, der den Sieg seiner Armee über ihre Feinde würdigte, das Ende des öffentlichen Elends und den Beginn der Hoffnung auf künftigen Wohlstand und Glück.

(Flavius Josephus, bell. Iud. 5.6)

So viele Menschen zu verköstigen, war auch eine logistische Herausforderung. 71 v. Chr. wurde Caecilius Metellus Pius ein Triumphzug dafür gewährt, dass er seine abtrünnigen Landsleute in Spanien besiegt hatte. Der römische Polyhistor Varro schreibt, dass eine seiner Tanten, die auf ihrem Gut eine Vogelzucht betrieb, anlässlich dieses Triumphs beauftragt wurde, für die Feierlichkeiten ihre gesamte Jahresproduktion von sage und schreibe 5 000 Drosseln zu liefern; sie verdiente damit 60 000 Sesterzen.

Übrigens könnte der Triumph wiederum eine Beziehung zum Bacchuskult haben: Es ist etymologisch nicht ganz geklärt, wovon das Wort *triumphus* abgeleitet ist. Varro macht in seiner Schrift über die

Ave, imperator Wilhelm! – der Hamburger Autor Julius Stettenheim schickte seine humoristische Kunstfigur, den Redakteur Wippchen, in den 1880er Jahren nach Rom. In einem seiner Briefe berichtet Wippchen mit vielen antiken Anleihen über eine Art modernen Triumphzug, den Besuch des deutschen Kaisers Wilhelm I. in der ewigen Stadt.

Rom, den 11. Oktober 1888.

Da bin ich in Rom, auf den sieben Hügeln, in der noch immer ewigen *Roma aeterna*. Ist das dieselbe Stadt des Romulus und Remus, welche die Wildheit gewissermaßen mit der Lupusmilch eingesogen haben? Es mag diese Wölfin ein Ammenmärchen sein, aber wahr bleibt es doch, daß Rom mit einem Brudermord begann und diesem den Raub der Sabinerinnen folgen ließ. So ging es viele Jahrhunderte fort. Rom hatte noch lange Zeit kein Pflaster, als dasselbe schon immer mit dem Blut der Edelsten gewaschen wurde. Wie ein Fluch lag die Geschichte auf dieser klassischen Stadt, mit deren Sprache selbst heute noch so viele Lehrer ihren Schülern die Köpfe zerbrechen. Ich will die vernarbten Mommsen und alle die anderen großen Geschichtsschreiber nicht aufreißen, der Leser wird ohnedies wissen, daß, wie Cäsar selbst auf dem Forum seines Brutus nicht sicher war, jeder römische Civis eigentlich den Dolch des Meuchlers im Tornister trug und daß der Sklave das geborene Kanonenfutter der Muräne war. Nein, das ist nicht dasselbe Rom, in welchem ich heute in dem Hotel „Zur goldenen Capitolsgans" meinen Bericht für diese Zeitung verfasse. Rom ist heute eine der liebenswürdigsten Städte des entdeckten Globus.
Wenn wir bedenken, wie sich Rom einst – es sind jetzt kaum 1880 Jahre her – mit Deutschland schlecht vertrug! Ich erinnere an das blutige Kleist'sche Drama im Teutoburger Walde, aus dem nur ein einziger Römer entkam, um dem Kaiser Augustus über den äußeren Mißerfolg zu berichten. *Redde! Redde!* rief dieser, aber da war nichts mehr zu *redden*, und so oft Rom wieder den Versuch machte, diesen Varus auszuwetzen, immer wieder wurde ihren gelichteten Reihen so heimgeleuchtet, daß sie in hellen Haufen zu Grunde gingen.

Auch wenn wir daran denken, daß einst ein deutscher König in einer Kälte, welche strenger war als Gregor, drei Tage lang auf nackten Füßen dastehen mußte, um den Papst zu bestimmen, die Acht, in die er gethan war, wieder zu streichen, dann müssen wir sagen, daß die Zeit Wunder gewirkt hat. Wie hat sich das alles geändert! Zwischen Deutschland und Italien ist ein Bündniß errichtet, welches ihre Gegner nicht zu übersteigen im stande sein werden, die beiden Reiche haben gewissermaßen Schwesternschaft getrunken und auf Du und *Tu* angestoßen, und nicht mehr wie früher drücken die Alpen die Brust Beider. Mit Österreich vereint, bilden diese drei Mächte eine Phalanx im Fleisch Europas, welche jeden Erisapfel im Keime erstickt.

Von diesem Gedanken beseelt, gestaltete sich die Ankunft des Kaisers Wilhelm zu einem der schönsten Feste, das Rom je gesehen. Ich erinnere nur an das Fest der Diana, der Göttin der keuschen Jagd, an die Saturnalien, die Bacchanalien usw., welche durch unser Fest in den Schatten verdunkelt wurden. Vom Bahnhof bis zum Quirinal sah man nur Kehlen an Kehlen, welche *Evvivat* hoch! riefen, Hände an Händen, welche Beifall klatschten, wehende Tücher und regnende Blumen. Lauter Gladiatoren mit jauchzendem *Ave, Imperator!* Man kann sich kein gebildeteres Spalier denken. Und als dann die hohen Herrschaften auf dem Balkon des Schlosses erschienen, da spottete der Enthusiasmus derart jeder Beschreibung, daß das Echo im Tarpejischen Felsen geweckt wurde und auch nicht wieder einschlief. Fast bis zum frühen Phöbus dauerte dies fort, nachdem die Illumination längst erloschen war, unter deren Leuchten das milde Licht der ewig wechselnden Luna verblaßte.

Ich habe heute kaum Zeit gehabt, mich zu Tisch zu legen, aber nach Tisch zu stehen oder gar tausend Schritte zu gehen, das war mir ganz unmöglich. Nun sehne ich mich nach Morpheus' Posen, um morgen mit dem Anbruch Auroras wieder frisch zu sein, damit der Tag kein *perdidi* werde.

(Julius Stettenheim, Wippchens sämmtliche Berichte, Bd. 6, Berlin 1897)

Der Septimius-Severus-Bogen auf dem Forum Romanum wurde 203 n. Chr. erbaut, zu Ehren der Siege des Kaisers über die Parther. Das Besondere an diesem Bogen: Er verherrlichte nicht nur Septimius Severus, sondern auch dessen Söhne Geta und Caracalla, die später, nach Severus' Tod, ebenfalls Kaiser waren.

lateinische Sprache den Vorschlag, dass der Schlachtruf „*Io triumphe!*", den die Soldaten ihrem Feldherrn zuriefen, auf *thriambos* zurückgeht, einen griechischen Hymnus auf Dionysos. Es hat schon fast eine ironische Note, dass ausgerechnet die Soldaten, die den römischen Staat repräsentierten, sich auf den Kult bezogen, der diesem Staat schon so lange ein Dorn im Auge war. Und doch passt es auch wieder, denn beim Triumphzug war es den Soldaten durchaus gestattet, aus dem Rahmen zu fallen – es war beispielsweise Sitte, dass sie den Feldherrn beim Umzug mit Spottreimen oder liedern bedachten. Einer dieser *ioci militares* ist beispielsweise für Caesar überliefert, bei Sueton: „Städter, sperrt eure Ehefrauen ein – hier kommt der kahle Ehebrecher! In Gallien hast du dein Gold verhurt, jetzt musst du hier einen Kredit aufnehmen!"

Ein Bauwerk für den Sieger

Anlässlich mancher Triumphzüge römischer Kaiser errichtete man einen Triumphbogen – eines der besten Beispiele originär römischer Architektur, die nicht von den Griechen oder anderen übernommen wurde – und eines der bekanntesten und am meisten kopierten: Moderne Triumphbögen gibt es auf der ganzen Welt, in Indien, Australien und Nordkorea, vom gewaltigen 50 Meter hohen Arc de Triomphe in Paris (1806–1836) über den Wellington Arch in London (1826–1830) und das Münchener Siegestor (1852) bis zum Arcul de Triumf in Bukarest (1936). Und auch heute noch werden solche Bögen erreichtet, wie die 2011/12 anlässlich der 20-jährigen Unabhängigkeit von Mazedonien für 4,4 Millionen Euro in Skopje errichtete Porta Macedonia.

In Rom sind die Bögen von Titus und von Septimius Severus erhalten (Forum Romanum) sowie derjenige Konstantins I. (beim Kolosseum). Wir kennen auch viele andere solche oder ähnliche Bögen aus dem ganzen Mittelmeerraum, auch aus Deutschland (Porta Nigra, Trier). Doch da Triumphzüge nur in Rom und später in Konstantinopel durchgeführt wurden, werden auch nur die dortigen als „Triumphbögen“ bezeichnet – alle anderen nennt man „Ehrenbögen“. Der hervorragend erhaltene Trajansbogen im kampanischen Benevent ist ein Beispiel dafür.

Bereits im alten Babylon und bei den Hethitern wurden herausragende Persönlichkeiten mit bogenartigen Architekturen geehrt. Was den römischen Triumphbogen jedoch von allen anderen solchen Strukturen abhebt, war seine Kombination aus einem runden Bogen mit einer rechteckigen (annähernd quadratischen) Einfassung als freistehendes Bauwerk.

Eine weitere römische Erfindung sind die Siegessäulen; die erste solche Säule, die einen architektoinischen Typ definierte, war die Trajanssäule, die 113 n. Chr. in Rom geweiht wurde. Mit Sockel misst sie beinahe 40 Meter – das ist fast doppelt so hoch wie der Konstantinsbogen, der höchste Triumphbogen Roms. Genau wie Triumphbögen errichtete man auch in der Moderne Siegessäulen, um an besondere Ereignisse, vor allem militärischer Art, zu erinnern. So entstand die Berliner Siegessäule ursprünglich anlässlich des preußischen Sieges über die Dänen im Jahr 1864; bis die Säule 1873 fertig war, hatte sich Preußen außerdem noch gegen Österreich und Frankreich behauptet, so dass die Siegessäule schließlich für drei gewonnene Kriege stand.

Es lebe der Jubilar!

Eine besondere Abart des Triumphs waren die Jubilarfeiern der römischen Kaiser. So hat sich Kaiser Konstantin während seiner gesamten langen Regierungszeit überhaupt nur dreimal in Rom blicken lassen – nach seinem Sieg über Maxentius und zu seinem 10-jährigen sowie seinem 20-jährigen Thronjubiläum. Im Rahmen der Jubilarfeiern gaben die Kaiser ein Gelübde ab, das sich auf die nächsten zehn Jahre ihrer Herrschaft bezog. Dieses Gelübde war der zentrale Bestandteil der Feiern, die man deshalb als *vota decen-*

Das zehnjährige Thronjubiläum des Septimius Severus

Anlässlich des zehnten Jahrestages seiner Herrschaft präsentierte Severus der Bevölkerung, die an das Austeilen von Getreide gewöhnt war, milde Gaben und an der Prätorianergarde so viele Goldstücke wie er Jahre im Amt war. Er rühmte sich seiner besonderen Großzügigkeit, und in der Tat hatte noch nie ein Kaiser zuvor der gesamten Bevölkerung so viel auf einmal geschenkt; der Gesamtbetrag der für diesen Zweck aufgewendeten Gelder betrug 200 Millionen Sesterzen. ... Es fand ein Bankett für uns statt, teilweise in kaiserlichem und teilweise in barbarischem Stil, und dabei wurden nicht nur alle üblichen gekochten Köstlichkeiten, sondern auch gegartes Fleisch und verschiedene noch lebende Tiere aufgetragen. Zur selben Zeit fanden alle möglichen Spektakel statt, anlässlich Severus' Rückkehr, seiner ersten zehn Jahre an der Macht und seiner Siege. Bei diesen Spektakeln kämpften auf ein bestimmtes Signal hin sechzig Wildschweine von Plautianus gegeneinander, und unter den vielen anderen wilden Tieren, die getötet wurden, waren ein Elefant und eine Crocotta. Letzteres ist eine indische Tierart, und man konnte sie zum ersten Mal überhaupt in Rom bestaunen, soweit ich weiß. Es hat die kombinierten Farben von Löwe und Tiger und sieht aus wie eine seltsame Mischung verschiedener Tiere, darunter Wolf und Fuchs. Im Kolosseum hatte man einen Käfig aufgebaut, der von der Form her einem Boot glich und 400 Tiere auf einmal fasste; und dann, als er plötzlich auseinanderfiel, stürzten Bären, Löwinnen, Panther, Löwen, Strauße, Wildesel, Bisons (das ist eine exotisch aussehende Tierart), so dass man schließlich insgesamt 700 Tiere beobachten konnte, wilde wie auch zahme, die herumliefen und getötet wurden. Denn entsprechend des siebentägigen Festes betrug die Anzahl der Tiere sieben mal hundert.

(Cassius Dio 77.1)

nalia bezeichnete. Oft ging diese Feier mit aufwendigen Spielen einher – für Hadrians Zehnjahresfeier sind beispielsweise zehntägige *ludi* bezeugt.

Im Laufe der Kaiserzeit wurden die Jubilarfeiern immer aufwendiger, und spätestens ab Septimius Severus (reg. 193–211) glichen sie vom Ablauf her mehr oder weniger einem Triumphzug, auch wenn sie offiziell nicht als solcher galten oder bezeichnet wurden. Sie wurden jedoch auch seltener: In der Folgezeit gab es nicht mehr allzu viele Kaiser, die so lange im Amt waren, dass sie auch nur ihr zehnjähriges Thronjubiläum hätten feiern können. Wohl auch deshalb ging man nach Konstantin dazu über, zusätzlich fünfjährige Jubiläen einzuführen, auch wenn diese nicht ganz so aufwendig begangen wurden.

BLUT UND SPIELE: ORGANISIERTE FREIZEIT

Dreh- und Angelpunkt der römischen Freizeitgestaltung waren die Circusspiele, die *ludi circenses* (auch „zirzensische Spiele“ genannt). Sie fanden ausschließlich an *feriae*, also freien Tagen, statt. Der Eintritt war für alle Römer frei – finanziert wurden sie vom Staat oder von privaten Sponsoren. Um eine Zahl zu nennen: Unter Kaiser Claudius (reg. 41–54 n. Chr.) gab es 159 freie Tage im Jahr, und an 93 davon wurden Spiele veranstaltet. Wie auch die Feiertage, so hatten die Spiele ursprünglich eine viel stärkere religiöse Komponente, doch diese geriet im Laufe der Zeit immer mehr in den Hintergrund – vor allem in der Kaiserzeit, als der Kult um die Person des Kaisers vielfach ältere religiöse Praktiken verdrängte.

Die wichtigsten dieser *ludi circenses* waren die Wagenrennen und die Gladiatorenkämpfe. Beide „Sportarten“ hatten ihre eigenen Superstars, die nicht nur von der Öffentlichkeit verehrt wurden, sondern auch viel Geld verdienten. Und wie heute bei den größten Popstars kamen zahllose Zuschauer schon bei Tagesanbruch zu den Spielstätten, um sich die besten Plätze zu sichern.

Der Dichter und Satiriker Juvenal prägte die Phrase „Brot und Spiele“: Er erkannte ganz richtig, dass die Circusspiele und die jährlichen Getreidespenden den Mächtigen dazu dienten, das Volk ruhigzustellen und zu beschäftigen, wenn es nicht arbeitete – und so Aufstände zu verhindern.

> Schon damals, als wir unsere Stimme noch an niemanden verkauften, hat das Volk seine Pflichten aufgegeben; wer einst Kommandos, Bürgerämter, Legionen, ja überhaupt alles vergab, schränkt sich heute ein und hofft voll Angst nur noch auf zweierlei: Brot und Spiele.
>
> (Juvenal 10.77 ff.)

Pompa circensis

Schlagermove, Love-Parade, Rosenmontagszug – der Mensch hat auch heute noch einen gewissen Drang, sich in Massen auf die Straße zu begeben und etwas oder jemandem zuzujubeln. Und genauso gehörte zu den Feiertagen, an denen *ludi*, „Spiele", stattfanden, eine *pompa circensis*, der „Circus-Umzug", der sich, gesäumt von hunderttausenden Schaulustigen, durch die Straßen Roms wand. Der griechische Historiker Dionysios von Halikarnassos aus der augusteischen Zeit ist unsere gründlichste Quelle für eine solche *pompa circensis*. Er beschreibt ausführlich, wer alles in der vom ausrichtenden Beamten angeführten Parade mitmarschierte: Wagenlenker und andere Teilnehmer der Circusspiele, Tänzer, Musiker, junge Leute, außerdem Männer, die Gefäße mit Gold und Silber sowie Götterstatuen trugen.

In der Zeit der Republik begann die Parade am Kapitol und ging von dort aus über das Forum Romanum, die Via Sacra und das Forum Boarium bis hin zum Circus Maximus. Erst in der frühen Kaiserzeit gab es hier einige Veränderungen – so wurde es üblich, neben den Göttern auch Abbilder von Mitgliedern der Kaiserfamilie zu präsentieren, und die Route änderte sich immer wieder und wurde immer länger, um neue Tempel und Foren und sogar das Marsfeld zu erreichen.

Ovid beschreibt in seinen *Amores* einen Tag im Circus Maximus und listet dabei die Götterbilder auf, die in der *pompa circensis* zu sehen sind.

Aber schon naht ja der Zug! Erfüllt von schweigender Andacht
Klatschet ihm Beifall! Es naht, siehe, der goldene Zug.
Allen voran die Göttin des Siegs mit entfalteten Schwingen –
Komm, o Göttin, verleih' du meiner Liebe den Sieg.
Beifall klatscht dem Neptun ihr, die ihr zu gern nur dem Meer traut!
Ich, ich verschmähe das Meer, mir ist die Erde genug.
Beifall klatscht auch dem Mars, ihr Krieger! Ich hasse die Waffen:
Friede behagt mir, mich freut Liebe, von Frieden umhegt.
Sei von den Sehern gegrüßt, o Apoll, von den Jägern, Diana,
Wende des Künstlers Hand, ernste Minerva, dir zu.
Auf, Landleute, erhebt euch vor Ceres und Bacchus, dem Zarten,
Fechter und Reiter, nun macht Castor und Pollux euch hold.
Ich, ich klatsche, o Venus, nur dir, und dem bogengewalt'gen
Knaben – o neige voll Huld meinem Beginnen dich zu!
Lenke der neuen Gebieterin Sinn, meine Liebe zu dulden –
Sieh nur, sie neigte das Haupt, winkte Erhörung mir zu!

(Ovid, am. 3.2.43 ff., Übersetzung: Hermann Oelschläger)

Wagenrennen

Der traditionelle Austragungsort der *ludi* in Rom war eine wahre Arena der Superlative: der Circus Maximus. Inklusive Zuschauertribünen maß er 600 × 140 Meter (mehr als 10 Fußballfelder) und fasste bis zu 380 000 Zuschauer gleichzeitig (mehr als fünfmal so viel wie das Berliner Olympiastadion). Heute ist vom Circus Maximus zwischen dem Aventin und dem Palatin nicht viel mehr zu sehen als die Fläche, an der er sich einst befand. Es war ein länglicher Bau mit einem Mittelstreifen, der die Rennbahn teilte, an einer Seite besaß er ein gerades Ende, an der anderen ein ovales. Anfänglich saßen die Zuschauer auf der Anhöhe links und rechts der Bahn, dann wurden hölzerne Tribünen errichtet; Mitte des 1. Jahrhunderts v. Chr. wurden sie in Stein ausgebaut und später zunehmend erweitert – Rom wuchs, und das beliebtestes Freizeitziel seiner Bürger musste mitwachsen. Im Laufe der römischen Herrschaft über das Mittelmeer entstanden Dutzende solcher Hippodrome, an allen Ecken des Imperiums. Doch der Circus Maximus war das älteste und blieb das größte. Neben Wagenrennen à la *Ben Hur* gab es hier Tierhetzen zu sehen, bis zur Zeit Caesars athletische Wettkämpfe, und vor allem war der Circus Maximus bis zur Errichtung des Kolosseums der wichtigste Ort für die beliebteste römische Unterhaltung: die Gladiatorenkämpfe. In der Kaiserzeit, als Gladiatoren und wilde Tiere ins Kolosseum umgezogen waren, fanden im Circus im Grunde nur noch Wagenrennen statt, und ihre Zahl wuchs: In der Regierungszeit des Augustus gab es bis zu zehn oder zwölf Rennen an einem Tag im Circus Maximus, unter Caligula wuchs diese Zahl sogar auf 24 an.

Wie viele andere kulturelle Einrichtungen auch, übernahmen die Römer die Wagenrennen offenbar von den Etruskern, und diese hatten sie aus dem griechischen Raum übernommen. Welch wichtige Rolle die Wagenrennen in Rom einnahmen, lässt sich u. a. daran ermessen, dass man die einzelnen Rennställe als *factiones* bezeichnete – also mit demselben Wort wie die wichtigen politischen „Parteien“ der Republik, die Popularen und Optimaten. In der Kaiserzeit waren die Rennställe nach Farben benannt, es gab die Roten, die Blauen, die Grünen und die Weißen, und diese „Rennparteien“, die auch für verschiedene Volksgruppen standen, wurden so wichtig, dass sie sogar politischen Einfluss hatten. An den Start gingen dann entweder diese vier oder acht oder zwölf Teilnehmer – als Untergruppen der vier *factiones*.

Die Wagenlenker (*aurigae*) gehörten durchweg der Unterschicht an. Viele waren Sklaven, doch wenn sie erfolgreich waren, konnten

Plinius d. J. (1. Jahrhundert n. Chr.) wundert sich in einem seiner Briefe über die Begeisterung seiner Zeitgenossen für den Rennsport und für die einzelnen *factiones*.

Es gab mal wieder Circusspiele, und diese Art der Volksbelustigung hat für mich persönlich gar keinen Reiz. Da gibt es nie etwas Neues, keine Abwechslung – da ist nichts, bei dem es nicht genügen würde, es ein Mal zu sehen. Deshalb erstaunt es mich umso mehr, wie viele tausend Menschen von so einer kindischen Leidenschaft gepackt werden, wenn sie galoppierende Pferde und in den Wagen stehende Männer sehen. Nun, ich würde ja gar nichts sagen, wenn es ihnen nur um die Schnelligkeit der Pferde ginge oder um die Kunstfertigkeit derer, die sie lenken. Stattdessen bejubeln sie ein Stück Stoff, und wenn man mitten im Wettkampf die Farben austauschen würde, dann würden diese Menschen eben die anderen anfeuern und sich von jenen Wagenlenkern und Pferden abwenden, die sie eben noch von Weitem erkannten und beim Namen riefen.

(Plinius, ep. 9.6)

sie bald genug Geld verdienen, um sich ihre Freiheit zu erkaufen (dies ist übrigens einer der groben Schnitzer in *Ben Hur*: Als adoptierter Sohn eines Konsuls hätte der Titelheld gar nicht als Wagenlenker auftreten dürfen). Es gab Rennen mit Vierspännern (*quadrigae*) und mit Zweispännern (*bigae*), wobei die Quadrigen bei Weitem wichtiger und beliebter waren.

Was die Rennen als Freizeitbeschäftigung für die Römer so spannend machte, war indes nicht nur, dass man Anhänger eines Wagenlenkers oder später eines Rennstalls war, sondern es war auch ein beliebter Volkssport, auf den Ausgang der Rennen zu wetten. Eine offizielle Einrichtung war das Wetten zwar nie, aber es gab genug Geschäftemacher und Buchmacher, die der Halbwelt angehörten, um das Wettgeschäft am Laufen zu halten – von den Wetten zwischen Privatpersonen einmal abgesehen. Sicherlich wurde diese Entwicklung auch von staatlicher Seite nicht verfolgt, denn alles, was die Rennen zusätzlich spannend machte, musste ja dem Motto „Brot und Spiele" zugutekommen.

Außerdem waren Wagenrennen eine gefährliche und schon deshalb spektakuläre Angelegenheit: Auf dem Rennplatz ging es alles andere als zimperlich zu, die Wagen versuchten einander den Weg abzuschneiden, immer wieder rammte einer den anderen oder versuchte ihn mit anderen Mitteln zu Fall zu bringen. Hinzu kam, dass die Wagenlenker sich die Zügel um die Unterarme oder sogar um den Körper banden, um einen besseren Halt zu haben, was aber die Gefahr mit sich brachte, im Falle eines Crashs mitgeschleift zu werden. Auch das Messer, dass sie für einen ebensolchen Notfall mitführten, half den Wagenlenkern da nicht immer; viele starben ähnlich früh wie die Gladiatoren.

Appuleius Superstar

Der berühmteste und reichste Wagenlenker Roms war Gaius Appuleius Diocles (2. Jahrhundert n. Chr.). Er hatte eine außergewöhnlich lange Karriere: Mit 18 Jahren begann er, für die Weißen zu fahren, mit 24 Jahren wechselte er für 3 Jahre zu den Grünen, danach fuhr er 15 Jahre lang für die Roten, und erst im Alter von 42 Jahren zog er sich vom Rennsport zurück. Insgesamt fuhr er über 4200 Rennen (das sind 175 Stück pro aktivem Jahr) und gewann dabei fast jedes dritte.
Im Laufe seiner Karriere soll Appuleius Diocles über 36 Millionen Sesterzen an Preisgeldern verdient haben – das sind im Schnitt fast 25000 Sesterzen pro Sieg. Natürlich kann man römische Sesterzen nicht in moderne Währung umrechnen, aber in diesem Fall hat sich tatsächlich jemand den Spaß gemacht, auf Basis des Jahressolds eines römischen und eines modernen einfachen Soldaten. Demnach verdiente Appuleius Diocles 7,6 Millionen Euro – pro Sieg! Und in seiner gesamten Karriere brachte er es auf ein Vermögen von 11 Milliarden Euro. Er gilt damit als (bei Weitem) bestbezahlter Sportler aller Zeiten.

Das Kolosseum ist heute eine Art Wahrzeichen der Antike und der größte Touristenmagnet Roms. Dass es noch einigermaßen gut erhalten ist, haben wir einem Papst zu verdanken: 1756 erklärte Benedikt XIV. das Kolosseum zur Gedächtnisstätte des christlichen Martyriums, aufgrund der vielen hier hingerichteten Christen – von da an wurde es nicht mehr als Steinbruch für umliegende Gebäude benutzt.

Gladiatoren und wilde Tiere

Das Kolosseum entstand ab 72 n. Chr. an der Stelle der *domus aurea*, des berühmt-berüchtigten „goldenen Hauses“ Neros, einer gewaltigen Palastanlage, die gewaltige 800 000 m² maß – und das mitten in der bevölkerungsreichsten Stadt der Welt. Dieser Palast war geradezu zum Sinnbild dafür geworden, wie der Herrscher des Römischen Reichs auf Kosten der Armen (die für den Bau enteignet und vertrieben wurden) in Saus und Braus lebte. Mit dem Kolosseum fuhr Kaiser Vespasian ein bewusstes Gegenprogramm zu Nero: Es wurde ein Bauwerk für die Massen, die hier ab der Eröffnung 80 n. Chr. unter Kaiser Titus (Vespasian hatte bereits das Zeitliche gesegnet) vor allem Gladiatorenkämpfe und Tierhetzen zu sehen bekamen. 50 000 Zuschauer fasste das *Amphitheatrum Flavium*, so der offizielle Name.

Nicht nur Gewalt und Tod zeitigte die Eröffnung des Kolosseums, sondern auch poetische Betätigung: Der Dichter Martial verfasste zu diesem Anlass eine Reihe kurzer Gedichte, die einerseits die Begeisterung der Römer für ihr neues Wahrzeichen widerspiegeln, andererseits einen Einblick geben, was genau man dort beobachten konnte.

Das barbarische Memphis soll vom Wunder der Pyramiden schweigen,
und Babylon soll nicht mit den Strapazen der Assyrer prahlen,
die verweiblichten Ioner soll man nicht für den Tempel der Artemis loben,
Delos seinen Altar mit den Hörnern verstecken,
und auch die Karer sollen ihre hoch aufragenden Grabmäler nicht
mit maßlosem Lob in die Sterne heben:
Jedes dieser mühsam errichteten Bauwerke weicht vor dem Kolosseum.
Der Ruhm soll in Zukunft eines für alle anderen nennen.
Hier, wo die kolossale Sonnenstatue aus größerer Nähe die Sterne betrachtet
und mitten auf der Straße die hoch aufragenden Gerüste emporwachsen,
erstrahlten vormals die verhassten Gebäude des unmenschlichen Königs,
und in der ganzen Stadt gab es nur noch einen Palast.
Hier, wo sich die verehrungswürdigen Steine des Kolosseums
erheben, lagen zuvor die Teiche des Nero.
Hier, wo wir die schnell als Geschenk errichteten Thermen bewundern,
hatte man für das stolze Gelände den Armen die Häuser gestohlen.
Dort, wo die claudische Portikus lange Schatten wirft,
stand der hinterste Teil der jetzt verschwundenen Halle.
Rom ist sich selbst zurückgegeben worden, und unter dir, Kaiser, stehen die Annehmlichkeiten, die vorher dem Herrscher gehörten, dem Volk zur Verfügung.

(Martial, spect. 1–2)

*

Für dich, Meleager, war ein erlegter Eber der Gipfel des Ruhms,
für Carpophorus ist das nur ein kleiner Teil.
Seine Jagdspieße stieß er ohne Zögern in einen Bären,

> der unter nordischem Himmel einzigartig war, und er
> streckte einen Löwen nieder – noch nie hatte jemand einen so großen
> gesehen, in die Hände des Herkules hätte er gehört –,
> und durch ihn starb ein schneller Panther an einer klaffenden Wunde.
> Als er am Schluss seinen Lohn erhielt, konnte er immer noch.
>
> (Martial, spect. 15)

Die Eröffnung des Kolosseums war ein willkommener Anlass für ein paar *feriae* außerhalb der Reihe. Und Kaiser Titus ließ sich nicht lumpen: Der Historiker Cassius Dio berichtet, dass die Feierlichkeiten 100 Tage dauerten – so etwas war noch nie dagewesen.

Neben Hinrichtungen und speziellen Spektakeln wie Seeschlachten waren die großen Attraktionen im Kolosseum (und seinen zahlreichen Kopien, die bald überall im Imperium entstanden) die Gladiatorenkämpfe und die Tierhetzen. Der Konsum dieser beiden Disziplinen als Freizeitbeschäftigung zeugt eindrucksvoll vom Hang des Menschen, zusehen zu wollen, wie andere leiden – was sich in dieser oder jener Ausprägung heute noch beobachten lässt (nur ein paar Stichworte: Katastrophentourismus, *Ultimate Fighting*, Fernsehkrimis).

Die Römer glaubten, sie hätten die Praxis der Gladiatorenspiele – wie die der Wagenrennen – von den Etruskern übernommen, bei denen ein Kampf mehrerer Sklaven um Leben und Tod zum Begräbnisritual gehörte (paradoxerweise kämpften die Sklaven darum, ihren verstorbenen Herrn ins Jenseits geleiten zu dürfen). Allerdings muss dies heute stark bezweifelt werden: Es gibt keine echten Hinweise darauf, dass es eine solche Sitte bei den Etruskern tatsächlich gab. Stattdessen deutet einiges darauf hin, dass die Gladiatorenkämpfe aus dem samnitischen Raum stammten. Vor dem Bau des Kolosseums fanden Gladiatorenkämpfe in Rom im Circus Maximus statt und in der von Caesar errichteten Saepta Julia, einer gewaltigen, 400 × 60 Meter großen Mehrzweckhalle auf dem Marsfeld. Ursprünglich hatten die Gladiatoren einfach umringt von Schaulustigen auf dem Forum gekämpft – ein Bild, das uns heute aus der Fußgängerzone vertraut ist (nur eben mit Breakdancern, Musikern o. Ä.).

Genau ermessen lässt es sich heute nicht mehr, doch vieles deutet darauf hin, dass die Gladiatoren mehr noch als die Wagenlenker die Superstars des alten Rom waren. Wer als Gladiator berühmt wurde, war ein echter Selfmademan; vielleicht spielte auch eine Rolle, dass sie in der Regel keine so großen Preisgelder einstrichen wie die Wagenlenker, sicherlich aber, dass ihr „Sport" noch gefährlicher war als die Wagenrennen. Zwar werden die meisten Gladiatoren Sklaven oder Kriegsgefangene gewesen sein; dass aber auch freie römische Bürger diese „Karriere" einschlugen, lässt sich nur dadurch erklären, dass dem Gladiator Ruhm und Ehre winkten (und eben auch mehr Geld als man z. B. als Handwerker verdienen konnte).

Die Gladiatoren wurden geradezu verehrt. Man kritzelte ihre Namen *en masse* auf Hauswände (zahlreiche erhaltene Graffiti zeugen davon), und es gab rivalisierende Fanclubs, die sich zum Teil heftige Hooligan-mäßige Schlachten lieferten. Manche Kämpfer bekamen zahllose Liebesbriefe – das Wort „Gladiator" kommt vom römischen Kurzschwert, dem *gladius*, und das war zugleich ein Euphemismus für Penis (den Rest kann man sich denken). Natürlich war es äußerst unschicklich, sich als freie Römerin tatsächlich mit einem Gladiator einzulassen und verstieß zeitweise sogar gegen das Gesetz, doch die großen Namen hatten trotzdem ihre Groupies.

Ridley Scott wusste schon, warum er den damals als maskulines Sexsymbol geltenden Russell Crowe für die Hauptrolle in *Gladiator* (2000) besetzte – und wie er ihn auf den Filmpostern in Szene zu setzen hatte. So ähnlich werden die Römerinnen (und manche Römer) die berühmteren Gladiatoren auch wahrgenommen haben: als durchtrainierte Muskelpakete, denen die Todesverachtung ins Gesicht geschrieben steht. Nur dass die Gladiatoren eben tatsächlich re-

Der Gladiator und die Senatorin

Juvenal berichtet über einen unerhörten Skandal – die Affäre einer Senatorengattin mit einem Gladiator (6.82 ff.). Sie verließ ihren Mann, ihre Schwester und ihre Kinder, um mit dem Gladiator Sergiolus durchzubrennen und ging mit ihm bis nach Ägypten. Dabei war das Objekt ihrer Begierde nicht gerade schön: „Sergiolus war nicht mehr der Jüngste, hatte einen lahmen Arm", schreibt Juvenal, und weiter: „Sein Gesicht war an mehreren Stellen deformiert, zum Beispiel hatte er einen Abdruck des Helms auf der Stirn, mitten auf seiner Nase saß eine riesige Geschwulst, und eines seiner Augen triefte ganz fürchterlich." Warum sie ihn trotzdem liebte? Ganz einfach: „Er war ein Gladiator, und allein diese Bezeichnung ließ ihn schön erscheinen." Sicherlich ist die Beschreibung des geschundenen Sergiolus satirisch überspitzt, aber letztlich zeigt sie, dass der Nimbus des Gladiators so groß war, dass er eine Frau über objektive Attribute der Schönheit durchaus hinwegsehen ließ.

gelmäßig um ihre körperliche Unversehrtheit kämpfen mussten – auch wenn längst nicht jeder Kampf zwischen Gladiatoren (anders als heute viele glauben) mit dem Tod eines der Kontrahenten endete, wurden sie durchschnittlich gerade einmal 22 Jahre alt.

Die Tierhetzen (*venationes*), die ursprünglich im Circus Maximus stattfanden, wurden ab dessen Eröffnung ebenfalls im Kolosseum ausgetragen. Hierbei konnten ebenfalls Gladiatoren beteiligt sein (hier mit einer eigenen Gattung, den *bestiarii*) oder speziell ausgestattete Soldaten – auf jeden Fall ging es darum, gegen (mehr oder weniger) wilde Tiere zu kämpfen.

Manchmal sah man auch zu, wie sich bestimmte Tiere gegenseitig umbrachten. Nur ein paar Zahlenbeispiele: Anlässlich der 100-tägigen Eröffnungsfeier des Kolosseums fanden, so Cassius Dio, 9 000 Tiere in der Arena ihr gewaltsames Ende. Und im Rahmen der Triumphfeier nach Kaiser Trajans Sieg über die Daker starben dort

Simeon Solomon: „Habet!“, 1865. Öl auf Leinwand, 102 × 122 cm. Das Gemälde zeigt Frauen, die einem Gladiatorenkampf zusehen. Als Titel („Er hat ihn!“) hat Solomon den Schlachtruf der Fans gewählt, den sie kollektiv brüllten, wenn ihr Favorit dem Gegner einen besonders schmerzhaften oder sogar tödlichen Schlag zufügte. Privatbesitz.

sogar an die 11000 Tiere. Dabei waren viele dieser Tiere nicht ganz einfach zu beschaffen. Neben Stieren, Widdern, Hunden und Hasen verwendete man bei den Tierhetzen nämlich auch schwieriger (lebend) einzufangende Tiere wie Hirsche und Wildschweine und sogar solche Exoten wie Bären, Elefanten, Kamele und Nashörner, die man eigens aus Afrika importierte, nur um sie vor Publikum umbringen zu lassen. Keine Frage, dass die Tausendjahrfeier Roms im Jahre 247 n. Chr. besonders groß gefeiert wurde; dabei wurden nicht so viele Tiere getötet wie noch unter Trajan, aber die Vielfalt der Tiere erstaunt: So starben innerhalb eines Tages 60 Löwen, 40 Wildpferde,

Die Herrschaft von Kaiser Domitian galt unter zeitgenössischen Autoren als Tyrannei, die heutige Forschung konnte jedoch viel vom negativen Bild widerlegen. Zumindest was die *ludi* anging, werden sich seine Untertanen gefreut haben, einen so erfindungsreichen Kaiser zu haben.

Kaiser Domitian gab kostspielige Unterhaltungsprogramme in Auftrag, im Kolosseum wie auch im Circus Maximus, wo zusätzlich zu den üblichen Rennen mit Zwei- und Vierspännern Kämpfe zwischen Infanterie- und Kavalleriesoldaten stattfanden. Sogar eine Seeschlacht gab es im Kolosseum zu sehen. Außerdem Spiele mit wilden Tieren, nächtliche Gladiatorenkämpfe bei Fackelschein – und nicht nur Kämpfe zwischen Männern, sondern auch zwischen Frauen. ... Er veranstaltete oft Seeschlachten mit beinahe regelmäßig dabei eingesetzten Flotten – dazu ließ er eigens ein Wasserbecken nahe des Tibers ausheben, das er mit Sitzplätzen umgeben ließ; selbst wenn es stark regnete, sah er sich das dortige Schauspiel an.

(Sueton, Dom. 4)

32 Elefanten, je 30 Leoparden und Esel, je zehn Tiger, Hyänen, Zebras, Giraffen und Elche, sechs Nilpferde und (als besondere Attraktion) ein Nashorn.

Natürlich war die Königsdisziplin bei alledem der Kampf Mensch gegen Löwe in allen möglichen Variationen. So ist z. B. für den Diktator Sulla bezeugt, dass er afrikanische Bogenschützen antreten ließ, die 100 Löwen töteten. Die Tierhetzen fanden oft schon Vormittags statt, als Vorprogramm der nachmittäglichen Gladiatorenkämpfe.

VON DER WIEGE BIS ZUR BAHRE: FAMILIENFEIERN

Das lateinische Wort *familia* bedeutet natürlich „Familie", umfasste aber alle Mitglieder eines Haushalts, dem ein *pater familias* vorstand, inklusive der Bediensteten und Sklaven und ggf. der adoptierten Söhne des Familienoberhaupts. Letztere konnten eine besonders wichtige Funktion haben: In Rom adoptierte man keine Kinder, sondern Erwachsene, und zwar in der Regel aus strategischen – also politischen oder ökonomischen – Gründen. Wie zu erwarten und nicht anders als heute gab es bestimmte Anlässe, die privater Natur waren, aber die ebenso gefeiert wurden wie die öffentlichen Feiertage. Wenn ein Hausherr sich entschloss, einen Sklaven freizulassen, z. B. weil sich dieser besonders verdient gemacht hatte, dann verkündete der *dominus* dies meist öffentlich und veranstaltete dem frischgebackenen Freigelassenen zu Ehren ein Fest. Natürlich konnten solche Feste nicht tagelang dauern, denn „frei" bekam man dafür nicht – es gab keinen geregelten Urlaub, sondern nur die Feiertage, an denen nicht gearbeitet wurde. Für die unteren Schichten gilt dies natürlich in besonderem Maße; ein patrizischer Politiker oder Anwalt arbeitete ohnehin selten mehr als 2 bis 3 Stunden am Tag.

Initiation

In jeder Gesellschaft gab und gibt es bestimmte Initiationsriten, die den Jungen zum Mann, das Mädchen zur Frau machen sollen. Rom machte da keine Ausnahme; dennoch verwundert es kaum, dass sich dies in einer so patriarchalisch strukturierten Gesellschaft wie der römischen hauptsächlich auf den Jungen konzentrierte. Am 17. März, der ohnehin ein staatlicher Feiertag war (die *Liberalia* zu Ehren von Liber/Bacchus), legten römische Jungen in einer im familiären Rahmen begangenen Zeremonie ihre Kinderkleidung, die *toga praetexta*, ab, eine ursprünglich etruskische weiße Toga mit breitem Purpurstreifen, und durften zum ersten Mal das offizielle Kleidungsstück der freien erwachsenen römischen Bürger tragen, die komplett weiße *toga virilis*.

In der Zeit der Republik war das Anlegen der *toga virilis* sogar ein Akt von staatsrechtlicher Relevanz – der junge Mann wurde mündig, auch wenn er (dank der *lex Laetoria* von 191 v. Chr.) noch bis zum 25. Geburtstag einen besonderen rechtlichen Schutz genoss. Meist geschah dies im 16. Lebensjahr, doch bezeugt ist es für 14–18-Jährige; wahrscheinlich war es generell im Teenageralter zulässig. Mit der Erwachsenen-Toga begann das *tirocinium fori*, eine einjährige Zeit der Vorbereitung auf die spätere rhetorisch-politische bzw. juristische Ausbildung. Die Zeremonie sah wie folgt aus: Zuhause legte der junge Mann die Insignien der Jugend ab – die *bulla praetexta*, ein goldenes oder ledernes Amulett, das Kinder zum Schutz vor bösen Geistern um den Hals trugen, die bereits erwähnte *toga praetexta* – und ihr langes Haar, das ihnen feierlich geschoren wurde. Alles drei wurde auf dem Altar der häuslichen Laren abgelegt. Dann ging es aufs Forum Romanum, wo der zuständige Prätor die Familie empfing, und von dort weiter zum Kapitol, wo der Eintrag in die Bürgerliste erfolgte. Es schloss sich ein Besuch des Tempels der Juventus („Jugend") mitsamt Opfer an, und um das Ganze abzurunden, kehrte die Familie nach Hause zurück, wo der Anlass durch ein großes Familienfest gewürdigt wurde.

Geburtstag

Zeugnisse dafür, dass die Menschen sich merkten, an welchem Tag sie zur Welt gekommen waren, und dies feierten, finden sich bereits in der ganz frühen griechischen Literatur. Die Römer feierten spätestens ab der spätrepublikanischen Zeit verschiedene Arten von Geburtstagen (*dies natales*): Einerseits beging man seinen eigenen Geburtstag, es gab aber daneben auch öffentliche Geburtstage – nämlich die *dies natales* bestimmter Tempel oder auch ganzer Städte; an diesen Tagen feierte man öffentlich den Tag, an dem ein bestimmter Tempel gebaut oder ein Kult begründet worden war. Und dann gab es, vor allem in der Kaiserzeit, noch weitere öffentlich gefeierte Geburtstage: den *dies natalis* des amtierenden Kaisers selbstverständlich, aber auch die Geburtstage früherer Herrscher, die man noch in Ehren hielt (so wie in den USA z. B. *Washington's Birthday* heute noch ein Feiertag ist).

Dennoch hatte die Geburtstagsfeier in Rom etwas andere Konnotationen als in unserer Zeit. Wie Wilhelm Schmidt schreibt: „Während bei uns fröhliche Stimmung und Festlichkeit fast die Hauptsache ist, war bei den Alten vielmehr die Feier vorwiegend oder beinahe ausschließlich gottesdienstlicher Natur. Die Verehrung galt dem guten Daimon ..., dem Gott, den sich ein jeder bei seiner Geburt erwirbt, der ihn dann durch das ganze Leben begleitet, dem *deus natalis*, auch einfach *Natalis* genannt." Theoretisch mag das stimmen, doch klingt dies wahrscheinlich pietätvoller, als es in Wirklichkeit war. Zumeist begingen die Römer ihren Geburtstag, wie wir dies heute auch tun – mit einem Festessen im Kreise von Familie und Freunden, bei dem man sich beschenken ließ. Übrigens feierte man auch den Geburtstag verstorbener Familienangehöriger – dazu versammelte sich die Familie alljährlich am Grab des Toten.

Eine Geburtstagseinladung in Britannien

Im Kastell Vindolanda am britischen Hadrianswall grub man in den 1970er Jahren mehr als tausend Fragmente römischer Schreibtäfelchen aus, die einen einzigartigen Einblick in das römische Alltagsleben bieten. Darunter befand sich auch eine Einladung zum Geburtstag, die eindrucksvoll zeigt, wie sich hier, am äußersten Ende des Imperiums, ein paar Frauen von Offizieren darum bemühten, die Lebensart ihrer römischen Heimat weiterzuführen.

Claudia Severa grüßt ihre Lepidina.
Ich möchte dich, Schwester, mit Freuden einladen, am 11. September zu uns zu kommen, um meinen Geburtstag zu feiern. Wenn du kommst, wird der Tag noch schöner für mich. ... Grüße deinen Cerialis von mir. Mein Aelius und mein kleiner Sohn senden ihre Grüße .... Ich erwarte dich, Schwester.
Leb wohl, Schwester, meine Seelenverwandte, und sei gesund.
An Sulpicia Lepidina, Ehefrau des Cerialis, von Severa.

(Tab. Vindol. 2.291)

Hochzeit

Die Heirat zweier Menschen hatte und hat einen besonders hohen Stellenwert im privaten Festkalender. Wie auch in unserer Kultur folgte eine römische Hochzeit einer ganzen Reihe Sitten und Gebräuche, und einige davon haben sich bis in unsere Zeit fortgesetzt. Dabei war eine Hochzeit aus Liebe im alten Rom eine absolute Seltenheit – geheiratet wurde aus wirtschaftlichen und aus politischen Gründen. Das Familienoberhaupt, der *pater familias*, des Bräutigams arrangierte die Ehe mit dem Vater der Braut. Zwar mussten die Brautleute offiziell ihr Placet geben, aber das war, wie aus juristischen Texten hervorgeht, reine Formsache, und es scheint, als seien vor allem viele Frauen bzw. Mädchen gegen ihren Willen verheiratet worden.

Bei Eheschließungen in der Oberschicht war der Mann meist Mitte bis Ende zwanzig und hatte bereits einen Teil seiner beruflichen Karriere absolviert; die Frau war in der Regel 15–20 Jahre alt. Rein rechtlich galten jedoch Jungen bereits mit 14 Jahren und Mädchen mit 12 Jahren als heiratsfähig; gerade bei Mädchen kam es durchaus vor, dass sie schon vor ihrem 15. Geburtstag verheiratet wurden. Es gab zwei Formen der Ehe: Bei der einen ging die Braut mit Eheschließung in die Verfügungsgewalt (*manus*) des Ehemannes über, all ihr persönlicher Besitz ebenso. Bei der anderen blieb sie ihrem eigenen *pater familias* unterstellt, was durch einen offiziellen Ehevertrag geregelt wurde. Die letztere Form der Ehe war erstaunlicherweise – anders als man es heute vielleicht vermuten würde – die weitaus häufigere.

Der Eheschließung ging zumeist ein Verlöbnis voraus, das ein erster Grund zum Feiern war; die Braut erhielt vom Bräutigam einen Verlobungsring, den sie bis zur Hochzeit am linken Ringfinger trug. Wie viel Zeit zwischen Verlobung und Hochzeit verging, war durchaus unterschiedlich, Regeln gab es dafür nicht.

Am Vorabend der Hochzeit verbrannte die Braut die Insignien ihrer Kindheit, wie etwa Spielzeug oder bestimmte Kleidungsstücke, als Opfer zu Ehren der Laren, der Hausgötter, und der göttlichen Hüterin von Heim und Herd, Vesta. Sie kleidete sich dann in eine lange weiße Tunika, das Hochzeitsgewand, das sie auch am Tag der Hochzeit trug. Zusätzlich erhielt sie, dem Anlass angemessen, eine aufwändige Frisur. Dann kam der zeremonielle Akt der Eheschließung in Form der sogenannten *dextrarum iunctio*: Mit einer eigens dafür engagierten älteren Dame als Zeugin, die man als *pronuba* bezeichnete, reichten sich die Brautleute die rechte Hand – diese Szene sieht man sehr häufig in der römischen Kunst, gerne auf Grabmalen oder Sarkophagen, wo sie die innige Verbundenheit der Partner darstellen soll.

Du Gaius – ich Gaia?

Wenn sich Braut und Bräutigam bei der *dextrarum iunctio* die Hand reichten, sprach die Frau der Tradition gemäß einen Satz, den man bis heute nicht recht zu deuten weiß:

Ubi tu gaius ego gaia.

Wahrscheinlich bedeutet dies nicht, wie man vermuten könnte: „Wo du ein Gaius bist, bin ich eine Gaia" – frei nach dem Motto: „Wenn du Herr Schmidt bist, will ich Frau Schmidt sein." Zwar ist dieser Satz bei Plutarch auch auf Griechisch überliefert, aber er bleibt kryptisch. Früher glaubte man, verheiratete Römerinnen habe man eben „Gaia" genannt, als eine Art Ehrentitel in Anlehnung an Gaia Caecilia, die Frau des römischen Königs L. Tarquinius Priscus, die geradezu das Sinnbild der römischen Matrone war.
Wahrscheinlich handelt es sich bei *gaius/gaia* jedoch um archaische Formen eines im klassischen Latein bereits vergessenen Verbs, das so viel wie „sich freuen" bedeutet, ähnlich dem geläufigen *gaudeo*. Eine eher archaische Sprache würde auf jeden Fall gut in den Bereich der Hochzeit und ihrer uralten Bräuche passen. Dann wäre der Satz auch weniger banal, im Sinne von: „Wenn du dich freust, dann will auch ich mich freuen." Vielleicht geht *gaius/gaia* aber noch weiter zurück, auf ein indoeuropäisches Wort für „gehen", das bereits die Wurzel „g" besaß wie unser heutiges Wort – immerhin heißt „gehen" im Sumerischen „ĝen". Dann wäre die Bedeutung eine ähnliche, würde aber eine noch stärkere Verbundenheit ausdrücken: „Wo du gehst, will auch ich gehen." In anderen Worten: Wir wollen in Freud und Leid zusammenhalten.

Es folgte ein großes Festessen im Hause des Brautvaters mit vielen Gästen. Welchen Stellenwert die Hochzeitsfeier einnahm, lässt sich daran ablesen, dass es zu verschiedenen Zeiten in der römischen Geschichte Anstrengungen gab, gegen den an römischen Tafeln herr-

Krawall bei Tisch

Wie ein Hochzeitsmahl aus dem Ruder laufen kann, beschreibt Lukian von Samosata Mitte des 2. Jahrhunderts n. Chr. Hier streiten sich bei einem (längst romanisierten) griechischen Gastmahl anlässlich einer Hochzeit die Gäste über – wie könnte es anders sein? – ihre abweichenden philosophischen Ansichten. In Anlehnung an das wehrhafte mythische Volk, das man auf dem Parthenonfries gegen die Kentauren kämpfen sieht, hat man die Satire, aus der der folgende Abschnitt stammt, auch „die neuen Lapithen" getauft.

Hermon und Zenothemis saßen, wie gesagt, neben einander und hatten eine gemeinschaftliche Schüssel. So lange ihre Anteile gleich waren, nahm Jeder den seinigen ganz verträglich. Allein das Huhn, das vor Hermon lag, war, vermutlich aus bloßem Zufall, fetter als das andere. Anstatt nun das Seinige zufrieden hinzunehmen, greift Zenothemis ... über das Seinige weg nach dem fetteren Huhn des Hermon. Dieser wollte sich nicht übervorteilen lassen, und greift auch danach; darüber entsteht ein Geschrei, sie geraten an einander, schmeißen sich die Hühner ins Gesicht, packen sich an den Bärten, und rufen zu Hülfe, Hermon den Cleodemus, Zenothemis den Alcidamas und Diphilus. Sie nahmen jetzt Partei, die Einen für Diesen, die Andern für Jenen; nur Ion hielt sich neutral.

In der allgemeinen Balgerei, die jetzt entstanden war, hob Zenothemis einen großen Pokal, der vor Aristänetus stand, vom Tische, und warf ihn nach Hermon; doch ihn selber verfehlt' er, und seitwärts flog ihm der Humpen, spaltete dem Bräutigam den Schädel und versetzte ihm eine tüchtige und tiefe Wunde. Unter gellendem Geschrei stürzten sich jetzt die Weiber zwischen die Streitenden, besonders die Mutter des jungen Menschen, als sie sein Blut fließen sah. Auch die Braut kam voller Angst herbeigerannt. Indessen arbeitete Alcidamas, als Verbündeter des Zenothemis, mit seinem Knüttel meisterlich, schlug dem Cleodem ein Loch in den Kopf, versetzte dem Hermon einen Treff auf die Kinnlade, und ver-

wundete mehrere Bedienten, die ihnen zu Hülfe kommen wollten. Aber seine Gegner ließen sich nicht abtreiben. Cleodem drückte dem Zenothemis mit dem Finger ein Auge aus und zerbiß ihm die Nase; und Diphilus, der Diesem zu Hülfe kommen wollte, wurde von Hermon mit dem Kopfe zur Erde gestoßen.
Auch der Grammatiker Histiäus kam übel weg; er hatte sie auseinander bringen wollen, und bekam dafür von Cleodemus, der ihn für Diphilus hielt, einen Fußtritt in die Zähne. Da lag denn der arme Wicht, und „sprudelte Blut aus," um mit seinem Homer zu reden. Kurz im ganzen Saale war nichts als Tumult und Jammer. Die Weiber drängten sich heulend um Chäreas her, und waren nicht zu trösten. Das furchtbarste Ungetüm von allen aber war Alcidamas, der, da er sich nun einmal im Vorteil sah, zuschlug, wohin es traf: und, glaube mir, es wären nicht Wenige gefallen, wenn nicht zum Glück sein Knüttel in Stücken gegangen wäre. Ich meines Orts hatte mich an die Wand gestellt und sah dem ganzen Getümmel zu, ohne mich einzumischen, von dem Beispiel des Histiäus belehrt, wie gefährlich es ist, in solchen Fällen den Vermittler spielen zu wollen. Denn in der Tat, man glaubte unter Lapithen und Zentauren zu sein, wenn man die umgestürzten Tische, das strömende Blut und die hin und wieder fliegenden Pokale sah.
Endlich warf Alcidamas gar die Lampe um, und versetzte uns in die dickste Finsternis. Man war jetzt um so übler daran, weil nicht gleich wieder Licht zur Hand war, und inzwischen viel Unfug in der Dunkelheit verübt wurde. Denn als endlich Jemand wieder Licht hereinbrachte, hatte Alcidamas die Flötenspielerin entblößt und war eben im Begriff, sich mit aller Gewalt über sie herzumachen. Dionysodor ward über einem anderen Stückchen ertappt. Denn als er aufstehen wollte, fiel ein Becher aus dem Bausch seines Kleides, und um sich zu entschuldigen, wußte er nichts Anderes vorzubringen, als: Ion hätte ihn während des Tumultes vom Boden aufgehoben und ihm gegeben, damit er nicht verloren ginge. Und Ion wollte wirklich glauben machen, er hätte dies aus Vorsicht getan.
So schloß denn unser Schmaus, so tragisch er geworden, am Ende noch mit Lachen über Alcidamas, Dionysodor und Ion. Die Verwundeten

mußten getragen werden, so übel befanden sie sich. Der alte Zenothemis, der mit der einen Hand seine gebissene Nase, mit der anderen sein Auge zuhielt, schrie, er vergehe vor Schmerz, so daß Hermon, wiewohl selbst übel genug zugerichtet – denn es waren ihm zwei Zähne ausgeschlagen worden – sich dieser Äußerung als eines Zeugnisses gegen ihn bediente und sagte: „Vergiß nicht, Zenothemis, daß dir der Schmerz heute nicht indifferent vorkam!" Der arme Bräutigam, dem seine Hochzeitfeier so sehr verbittert worden war, wurde, nachdem Dionicus seine Wunde in Behandlung genommen, mit verbundenem Kopfe in den Wagen gebracht, in welchem er seine Braut dem elterlichen Hause hätte entführen sollen, und nach seiner Wohnung gefahren. Auch die Übrigen versorgte Dionicus, so gut er konnte. Die Meisten wurden schlafend weggetragen, und Einige erbrachen sich auf der Straße. Nur Alcidamas blieb auf dem Platze. Es war keine Möglichkeit, ihn aus dem Saale zu schaffen, nachdem er sich einmal in die Quere über ein Polster geworfen hatte und eingeschlafen war.

(Lukian, symp. 43 ff.; Übersetzung: August Pauly)

schenden Luxus vorzugehen. So wurde mehrfach gesetzlich festgelegt, welchen Betrag man für Essen, Geschirr usw. bei einer Feier ausgeben durfte; fast durchweg jedoch gab es dabei für Hochzeitsfeiern eine besondere Regelung, die es gestattete, einen höheren Betrag (mitunter sogar das Doppelte) auszugeben als für alle anderen privaten Feste. So galt nicht nur bereits damals das Hochzeitsfest als Königsdisziplin aller Feierlichkeiten, es stellte auch bereits damals ganz besondere Anforderungen an denjenigen, der es ausrichtete – und das war der Brautvater (diese Sitte hielt sich hartnäckig bis ins 20. Jahrhundert). Doch auch schon damals gab es oft hilfreiche Verwandte, Freunde, Gäste – oder sogar den Bräutigam, der hier dem Vater der Braut finanziell unter die Arme griff.

Das Festmahl dauerte so lange, bis die Sonne unterging. Dann folgte eine weitere Tradition, die von den Eltern und ausgewählten

Gästen, die dabei sein durften (und nicht nach dem Essen nach Hause gingen), mit Spannung erwartet wurde: Die *deductio* der Braut, also ganz wörtlich die „Überführung“ der Braut ins Haus des Bräutigams zu den Tönen von Flöten und im Schein einer speziellen Hochzeitsfackel (in ähnlicher Form gab es diesen Brauch bereits in Griechenland). Die Begleiter riefen dem Paar unterwegs im er wieder „*thalassio*!“ oder etwas Ähnliches zu – auch dieser Brauch war bereits in der späten Republik so alt, dass man nicht mehr genau gewusst zu haben scheint, was das eigentlich bedeuten sollte. Ein weiterer sicherlich ähnlich alter Brauch war, dass der Bräutigam auf dem Weg mit Nüssen um sich warf und dass die Gäste das Paar mit mehr oder weniger lustigen Spottversen bedachte.

Diverse Bräuche unserer heutigen Hochzeiten finden sich bereits im alten Rom, und dazu gehört das Werfen des Brautstraußes – hier allerdings in Form der Hochzeitsfackel, um die die Gäste sich zankten, sobald man am Haus des Bräutigams angekommen war und ihr Licht nicht mehr benötigte. Wem es gelang, sie zu ergattern, dem verhieß dies großes Glück, wenn auch nicht notwendigerweise, dass er als nächstes heiraten würde; die Hochzeiten wurden ja in der Regel arrangiert und es kam nicht wie heute darauf an, *Mr.* (oder *Mrs.*) *Right* zu begegnen. Es folgte eine Ehrung des Portunus, eines exklusiv römischen (also nicht von den Griechen übernommenen) Gottes, seitens der Braut. Sie salbte die Türpfosten mit Öl und band Wolle daran, denn Portunus war der Gott der Türschwelle. Außerdem durfte die Braut die Schwelle nicht mit dem Fuß berühren – daher hob der Bräutigam sie hoch und trug sie darüber hinweg in sein Haus. Im Haus opferten die Brautleute den Laren und Penaten, den Haus- und Familiengöttern. Wenn dies erledigt war und alle Gäste das Haus betreten hatten, folgte Teil zwei des im Haus des Brautvaters begonnenen Gelages.

Natürlich sollte eine Ehe in erster Linie dazu dienen, dass Kinder gezeugt würden, daher war auch die erste sexuelle Vereinigung der Brautleute ein wichtiger Teil der Hochzeitszeremonie. Daher hatte

Sängerkrieg der Brautleute

In einem anlässlich einer Hochzeit verfassten Gedicht beschreibt der Dichter Catull einen Gesangswettstreit zwischen dem baldigen Bräutigam mit seinen Freunden und der Braut mit ihren Freundinnen – eine höchst ungewöhnliche Situation, die den Frauen oder Mädchen hier ein für das Rom zu Catulls Zeit (Mitte des 1. Jahrhunderts v. Chr.) ziemlich unrealistisches Selbstbewusstsein attestiert. Rein sprachlich wird die Eheschließung (unter ständigen Anrufen des griechischen Hochzeitsgottes Hymenaios) schon fast in die Nähe einer Vergewaltigung gerückt. Es ist aber durchaus möglich, dass so eine Art Sängerkrieg „zum Spiel" dazugehörte und bestimmten Konventionen entsprach, die wir heute mangels Zeugnissen nicht mehr weiter untersuchen können – bei einer Art Polterabend oder Junggesellenschied beispielsweise.

Männer:
Der Abend ist da, junge Männer, erhebt euch: am Olymp
steigt endlich das lange erwartete Licht des Abends empor.
Es ist Zeit, sich zu von den reich gedeckten Tischen zu erheben;
schon nähert sich die Jungfrau, schon wird der Hymenaios gesungen:
Oh Hymen, oh Hymenaios, oh Hymen, komm, Hymenaios!
Seht ihr die jungen Männer, ihr ledigen Mädchen? Erhebt euch nun auch ihr:
Natürlich zeigt der Nachtbringer sein Feuer über dem Oeta.
So viel ist sicher; siehst du, wie rasch sie aufgesprungen sind?
Sie sind nicht planlos aufgesprungen; sie werden so singen, dass sie siegen.
Oh Hymen, oh Hymenaios, oh Hymen, komm, Hymenaios!
Ihr Mitstreiter, nicht ganz einfach bietet sich uns die Siegespalme dar.
Seht nur, wie die Mädchen sich auf ihr Erdachtes besinnen.
Sie besinnen sich nicht umsonst, was sie haben, ist denkwürdig.
Kein Wunder, mühen sie sich doch ab mit all ihrem Geist.
Wir wenden den Geist hierhin, die Ohren dorthin:
Mit Recht werden wir darum besiegt werden; der Sieg liebt die Mühe.
Richtet deshalb wenigstens jetzt eure Aufmerksamkeit auf die Mädchen,

sie beginnen gleich, und darauf müssen wir antworten.
Oh Hymen, oh Hymenaios, oh Hymen, komm, Hymenaios!

Frauen:
Hesperus, gibt es ein grausameres Feuer, das den Himmel durchfährt?
Du kannst das Mädchen der Umarmung der Mutter entreißen,
der Umarmung der Mutter das sich wehrende Mädchen entreißen
und dem brennenden Jüngling das keusche Mädchen zuführen.
Sind die Feinde grausamer, wenn sie eine Stadt erobern?
Hymen, oh Hymenaios, Hymen, komm her, oh Hymenaios!

Männer:
Hesperus, gibt es ein schöneres Feuer, das am Himmel scheint?
Mit deinem Schein bekräftigst du die Eheschwüre,
die zuvor die Ehemänner und die Väter geschmiedet haben,
aber nicht zur Verbindung führen konnten, bevor dein heller Glanz aufging.
Was geben die Götter, was wünschenswerter wäre als diese glückliche Stunde?
Oh Hymen, oh Hymenaios, oh Hymen, komm, Hymenaios!

Frauen:
Ihr Mädchen, eine der Unsrigen hat der Abendstern geraubt! ...
Nachts verstecken sich die Diebe, doch wenn du zurückkehrst,
Abendstern, ergreifst du sie unter anderem Namen, als Morgenstern.
Den Mädchen gefällt es, dich mit ausgedachten Klagen zu beschimpfen.
Was aber, wenn sie beschimpfen, wen sie doch tief drinnen ersehnen?
Oh Hymen, oh Hymenaios, oh Hymen, komm, Hymenaios!
Wie eine geheime Blume, die im geschützten Garten wächst,
unbemerkt von den Tieren, von keinem Pflug herausgerissen,
laue Lüfte streicheln sie, die Sonne stärkt sie, der Regen zieht sie groß.
Viele Jungen begehren sie und viele Mädchen:
Wenn sie aber von zarter Hand gepflückt worden ist und verwelkt,
begehrt sie kein Junge und kein Mädchen mehr!
So bleibt auch das Mädchen, solange es unberührt ist, den Seinen lieb;
wenn sie aber beschmutzt ist und die Blüte Keuschheit verloren hat,

freut sich kein Junge und kein Mädchen mehr über sie.
Oh Hymen, oh Hymenaios, oh Hymen, komm, Hymenaios!

Männer:
Wie eine einsame Rebe auf einem kahlen Acker wächst,
die sich niemals erhebt und niemals eine süße Traube hervorbringt,
sondern ihren zarten Köper vornüberneigt
und schon fast mit ihrer Spitze ihre Wurzel berührt –
um die schert sich kein Bauer, kein Jüngling.
Wenn aber dieselbe Rebe mit einer Ulme vermählt wird,
schert sich manch ein Bauer, manch ein Jüngling um sie.
So ist es mit der Frau – unberührt altert sie, ohne dass man sich um sie kümmert;
wenn sie zur rechten Zeit den richtigen Ehemann gefunden hat,
ist sie dem Mann lieb und teuer und fällt dem Vater weniger zur Last.
Und jetzt wehre dich nicht länger gegen den Mann, Jungfrau.
Es kommt dir nicht zu, dich gegen den zu wehren, dem dein Vater dich gab,
ja sogar Vater und Mutter, und denen muss man gehorchen.
Deine Jungfräulichkeit gehört nicht dir allein, zum Teil gehört sie deinen Eltern,
ein Drittel dem Vater, ein Drittel der Mutter,
dir selbst gehört auch nur ein Drittel: Bekämpfe nicht die beiden,
die ihrem Schwiegersohn zusammen mit der Mitgift ihre Anteile übergaben.
Oh Hymen, oh Hymenaios, oh Hymen, komm, Hymenaios!

(Catull 62)

man das Schlafzimmer der Neuvermählten schon im Vorfeld mit Fruchtbarkeitssymbolen wie Blumen und Obst geschmückt. Außerhalb des Schlafzimmers stand eine extra angefertigte Miniaturausgabe des Ehebettes auf, der *lectus genialis* – eine symbolische Ruhestätte für die Geister der Eheleute. Nun war es wieder an der *pronuba*, die Braut ins Schlafzimmer zu führen; sie sprach ein Gebet zum Segen der Ehe, half der Braut, ihren Schmuck abzulegen und sich zu entkleiden, und legte sie ins Bett. Dann erst durfte der Bräutigam das Schlafzimmer betreten, und die *pronuba* ließ die beiden allein. Theoretisch war das Paar nun zum ersten Mal miteinander allein. Außerhalb des Schlafzimmers ging die Party weiter.

Wenn die Braut am nächsten Morgen aus dem Schlafzimmer trat, war sie offiziell eine *matrona* und damit Teil einer neuen Familie, mit einem bestimmten Anteil am religiösen Kult. Später an diesem Tag fand oftmals eine *repotia* („Wieder-Trinken“) statt, eine Nachfeier mit einem weiteren Festmahl und viel Wein. Dies war die erste Gelegenheit für die Braut, sich als *domina,* als Hausherrin, zu präsentieren.

Bleibt noch zu erwähnen, dass all diese Zeremonien zwar überliefert sind, aber nicht klar ist, wie viele davon tatsächlich bei jeder oder auch nur bei den meisten Hochzeiten zur Anwendung kamen – genau wie es heute der Fall ist. Eine rechtlich bindende Wirkung hatte offenbar nichts davon. Übrigens, falls die Braut schon einmal verheiratet gewesen war, also geschieden war oder verwitwet, verzichtete man ohnehin komplett darauf.

Beerdigung

Wenn ein geliebter Mensch starb, so wurde er mittels einer ganzen Reihe streng festgelegter Rituale bestattet. Dazu gehörten u. a. eine öffentliche Prozession und „Klageweiber“, die sogenannten *praeficae*, die man eigens dazu engagierte, den Toten zu beweinen. Was den Aspekt des Feierns betrifft, so sind hier vor allem das *silicernium* und das *novemdialis* hervorzuheben. Das *silicernium* war der Leichenschmaus, der sich wahrscheinlich unmittelbar an das Begräbnis anschloss und auch in der Nähe des Grabes abgehalten wurde – ursprünglich steckte wohl die Idee dahinter, dass der Verstorbene am Mahl teilnahm, weshalb ihm auch ein eigener Stuhl hingestellt wurde (*sella*; daher könnte auch das Wort *silicernium* stammen, dessen Herkunft bis heute unklar ist).

Klageweiber (gr. Penthetriä, lat. Praeficae), alte morgenländische Sitte, bei Leichenbegängnissen eine Anzahl Weiber zu miethen, welche Klagelieder anstimmen, heulen od. schreien mußten. In Rom gab es eine Innung solcher K., deren Vorgesetzte nach der Bestattung in das Leichenhaus gingen, um bei der Anordnung des Leichenschmaußes zu helfen. Auch die Neugriechen bedienen sich noch der K., welche erst dumpf stöhnen, leise schluchzen, dann immer stärker klagen, unter Thränen sich das dickgeschminkte Gesicht zerkratzen, die (falschen) Haare ausreißen, sich auf dem Boden herumwälzen, dann die Litanei u. endlich den Todtengesang singen. In einigen Gegenden Deutschlands existiren dieselben ebenfalls noch. In neuester Zeit ist in Lyon Sitte geworden, Klagemänner zu diesem Zweck zu halten; es ist eine eigene Corporation dort; in langem schwarzem Überrock u. rundem Hut, langem Haar u. eine Kerze in der Hand gehen sie heulend u. schluchzend hinter dem Sarge her.

(Pierer's Universal-Lexikon, Altenburg 1860)

In seltenen Fällen und vor allem bei aristokratischen Bestattungen wurden im Rahmen dessen zusätzlich noch „Totenspiele" veranstaltet, z. B. Gladiatorenkämpfe – eine alte Sitte, die uns auch aus der *Ilias* bekannt ist, die die Römer wohl von den Etruskern übernahmen. Es ist gut möglich, dass der Gladiatorenkampf auf diese Weise Einzug in die römischen Kultur hielt – auf uns heute wirkt die Sitte, am Grab eines frisch Verstorbenen derart blutige Spiele aufzuführen, sicherlich ein wenig makaber.

Das *novemdialis* war eine erneute Feier am neunten Tag nach dem Tod, im Rahmen derer wieder nahe des Grabes ein Festmahl (*cena novemdialis*) stattfand, ein Trankopfer (*libatio*) dargebracht und den Manen geopfert wurde. Es gibt Forscher, die der Ansicht sind, dass *silicernium* und *cena novemdialis* identisch waren; sicher ist, dass das *novemdialis* für die Angehörigen den Abschluss der vorgeschriebenen Trauerzeit bildete. Insofern wird es ein fest gewesen sein, bei dem die Trauer nicht so sehr im Vordergrund stand wie beim Begräbnis selbst, denn es diente schließlich dazu, die Hinterbliebenen wieder aus der Trauer heraus- und ins Leben zurückzuholen.

Eine ganz spezielle römische Einrichtung waren die Bestattungsvereine: Auch Menschen, die keine Angehörigen hatten, deren Ehepartner und Kinder gestorben waren, die verarmt oder in Sklaverei geraten waren oder die als Sklaven oder Kriegsgefangene einsam und weit weg von ihrem Zuhause leben mussten, wollten ja ordnungsgemäß bestattet und betrauert werden (oder einfach nur jemanden haben, der sich um sie kümmerte). Zu eben diesem Zweck formierten sich Clubs, deren Mitglieder einander nicht nur im Falle des Ablebens eines Vereinsangehörigen unterstützten, sondern die darüber hinaus auch zusammen Geburtstag feierten oder ein Fest ausrichteten, wenn ein Mitglied aus der Sklaverei entlassen wurde – eine echte Ersatzfamilie also.

FLAMINGOHIRN IN WEINTUNKE: GELAGE UND VÖLLEREI

> Du wirst gut bei mir speisen, mein Julius Cerialis. ...
> Fisch wird es geben, Schweinefilet, Saueuter und
> und fette Vögel vom Hof und aus dem Sumpf,
> wie selbst Stella sie nur selten auf den Tisch bringt.
> Und ich verspreche dir noch mehr: Ich werde nichts vortragen!
>
> (Martial 11.52.1,13–16)

Ursprünglich war die römische Küche hauptsächlich eine vegetarische. Das Rom der frühen Republik war in erster Linie ein Agrarstaat, und die Tafelgewohnheiten des Volkes orientierten sich an den Sitten seiner Ackerbau und Viehzucht betreibenden Bewohner. Doch mit der Expansion des Reiches hielt ab dem frühen 2. Jahrhundert v. Chr. unter den Mächtigen immer der Luxus Einzug, wie wir ihn schon von den hellenistischen Herrschern des Ostens her kennen. Die Schere zwischen Arm und Reich klaffte immer weiter auseinander, und besonders deutlich wurde dies gegen Ende der Republik – bei den sich wandelnden Essgewohnheiten wie auch beim Preis für Nahrungsmittel, die aus immer ferneren Ländern importiert wurden.

Das gemeine Volk und die ärmere Landbevölkerung (wie auch die Legionäre) ernährten sich weiterhin vor allem von Getreide; allerdings aß man weniger Brot als vielmehr einen Brei (*puls*) aus Getreide (oft Dinkel), Wasser, Salz und Fett, der mit Gemüse etwas schmackhafter gemacht werden konnte. Dazu gab es manchmal

Käse, Knoblauch und Oliven. Auch wohlhabendere Römer aßen *puls*, allerdings mit Honig oder Fleisch verfeinert – und mit Eiern, die erst relativ spät, im 1. Jahrhundert v. Chr., den Speiseplan der Römer bereicherten.

Die Unter- und Mittelschicht kochte kaum zuhause; aus Pompeji wissen wir, dass viele kleinere Wohnhäuser überhaupt keine Küche besaßen. Stattdessen holte man sich sein Essen aus einer der (auch in Pompeji äußerst zahlreichen) Garküchen „an der Ecke", die in Rom oft im Erdgeschoss der mehrstöckigen Mietshäuser (*insulae*) untergebracht waren. Die Speisen dort waren günstig und schlicht; es ging vor allem darum, für wenig Geld etwas Warmes in den Bauch zu bekommen.

Die römische Oberschicht kannte natürlich weitaus raffiniertere Speisen. Vor allem wenn man des Abends Freunde zum Essen lud, kamen schon einmal Fische auf den Tisch, die mehrere Jahresgehälter eines Handwerkers kosteten. Seltene Fischarten gehörten zum Teuersten, was in der Antike auf dem Teller landete, Fleisch war wesentlich günstiger – wenn es nicht gerade aus Afrika importierte exotische Tierarten waren: Manche äßen beispielsweise gerne Elefant, schreibt Plinius d. Ä. (nat. 8.31), „weil dass es ein wenig so ist, als esse man Elfenbein." Dass der Preis einer Speise oftmals nichts damit zu tun hatte, dass sie wirklich besser schmeckte, bezeugt auch ein pointiertes Epigramm des Dichters Martial (13.76): „Ob ich ein Haselhuhn oder ein Rebhuhn bin – was macht das schon, wenn doch beides gleich schmeckt? / Das Rebhuhn ist viel teurer. Also schmeckt es auch besser."

Damit der Römer jedoch auch beim Hühner- oder Schweinefleisch seinen Reichtum und seinen guten Geschmack unter Beweis stellen konnte, galt es, die Speisen auf besonders raffinierte Art und Weise garnieren oder präsentieren zu lassen. Gern gesehen waren beispielsweise Zubereitungen, die den Geschmack des ursprünglichen Gerichts so veränderten, dass es nach etwas ganz anderem schmeckte – bis dahin, dass Herzhaftes süß oder Süßes salzig angerichtet wurde.

Ein paar römische Rezeptvorschläge

Flamingo oder Papagei

Man ziehe vom Flamingo die Haut ab, wasche und binde ihn zusammen und gebe ihn in einen geschlossenen Topf. Man gebe Wasser, Salz, Dill und ein wenig Essig hinzu. Wenn der Flamingo halb gar ist, binde man Lauch und Koriander zu einem kleinen Bündel zusammen und gebe es zum Kochen mit dazu. Wenn der Flamingo beinahe gar ist, gebe man Traubenmostsirup dazu und färbe ihn damit ein. Man zermahle Pfeffer, Kümmel, Koriander, Laserwurzel, Minze und Raute in einem Mörser, gebe Essig und Datteln hinzu und gieße ein wenig vom eigenen Saft darüber. Man gebe es mit in den Topf, binde es mit Stärkemehl, gebe die Sauce darüber und serviere. Genauso verfahre man auch mit Papagei.

Strauß

Man nehme Pfeffer, Minze, gerösteten Kümmel, Selleriesamen, normale Datteln oder Datteln aus Karien, Honig, Essig, Traubensirup, Fischsoße und ein wenig Öl und lasse alles es in einem Topf einkochen. Den Sud binde man mit Stärkemehl, übergieße damit die Teile des Straußes auf der Platte und streue Pfeffer darüber; wenn es zu einer Gewürzsauce verkocht werden soll, gebe man etwas Grütze hinzu.

Haselmäuse

Man fülle ein paar Haselmäuse mit Schweinehackfleisch, mit Fleisch von allen Gliedern der Haselmaus und mit gemahlenem Pfeffer, Pinienkernen, etwas Laser und Fischsoße, nähe sie zu und gebe die zugenähten Mäuse auf einem Tonziegel in den Ofen; oder man koche die gefüllten Mäuse in der Pfanne.

Trüffel

Man koche ein paar Trüffel, streue Salz darauf und stecke sie auf einen Stab oder lege sie auf den Grill. Man gebe in einen Topf Fischsoße, Olivenöl, Traubensirup, Wein, grob gemahlenen Pfeffer und ein wenig Honig und lasse alles zusammen aufkochen. Danach binde man den Sud mit Stärkemehl und steche in die Trüffel hinein, damit sie die Flüssigkeit aufsaugen. Wenn sie gar sind, garniere man die Trüffel und serviere sie. Variante: Man wickle die Trüffel in Schweinehaut, grille sie und serviere sie.

Gebärmutter der jungen Sau

Man schmecke die Gebärmutter mit Laser aus der Kyrenaika oder aus Parthien, Essig und Fischsoße ab und serviere. ... Für geröstete Gebärmutter wälze man die Gebärmutter in einem Brei aus Kleie, gebe sie in Salzlake und röste sie anschließend.

(Apicius 6.6, 6.2, 8.9, 7.16, 7.1)

Beispiele dafür finden sich im einzigen Kochbuch, das aus dem alten Rom überliefert ist. Als Verfasser wird ein gewisser Apicius angegeben, wir wissen allerdings nicht genau, wer das war oder wann er gelebt hat – wahrscheinlich im 3. oder 4. Jahrhundert n. Chr. Die rund 460 Rezepte in seinem Buch Über das Kochen (*De re coquinaria*) erscheinen uns heute vielfach befremdlich, doch durch diverse Quellen wissen wir, dass solches und Ähnliches tatsächlich auf den Tafeln der Oberschicht landete, und auch schon in vorchristlicher Zeit.

Die *cena* – wichtigste Mahlzeit der Reichen

Das Abendessen (*cena*, in weniger formellem Rahmen auch *convivium*) war für die Oberen Zehntausend einer der Mittelpunkte des sozialen Lebens. Dass wir über diese Institution so gut Bescheid wissen, liegt daran, dass die *cena* das mit Abstand am meisten in der antiken Literatur beschriebene Detail römischen Alltagslebens darstellt. *Abend*essen ist indes nicht ganz präzise, denn oft begann diese Mahlzeit schon um 14 oder 15 Uhr – trotzdem war dann bereits „Feier-

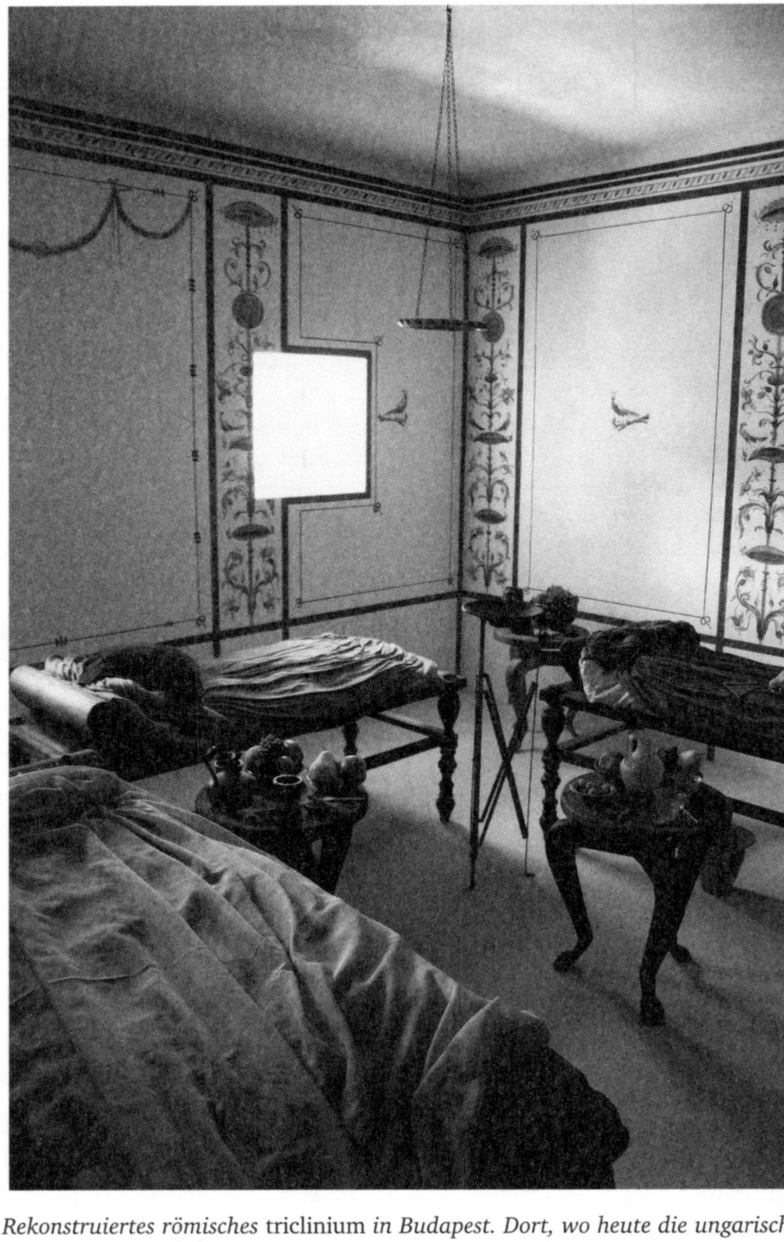

Rekonstruiertes römisches triclinium *in Budapest. Dort, wo heute die ungarische Hauptstadt liegt, befand sich in der Antike die römische Stadt Aquincum, ab 106 n. Chr. die Hauptstadt der Provinz Pannonia inferior. Hadrian war mit Anfang 30 Statthalter von Aquincum, bevor er Kaiser wurde.*

abend", denn es war Sitte, alle Geschäfte auf die Vormittagsstunden zu legen (wie oben bereits erwähnt, arbeiteten die Angehörigen der römischen Oberschicht zumeist nur drei bis vier Stunden am Tag). Bevor man sich jedoch zum Essen legte, besuchte man oft zunächst gemeinsam ein öffentliches Bad (ganz reiche Römer hatten ihre eigenen Thermen in ihrer Stadtvilla). Wieder daheim, zog man seine Schuhe aus und ein eigens dafür vorgesehenes bequemes Gewand (*vestis cenatoria*) an, wusch sich Füße und Hände, um den Schmutz der Straße loszuwerden, und nahm im Speisezimmer (*triclinium*) Platz.

Dann wurden von den Sklaven (in gehobenen Haushalten gab es eigens dafür zuständige Bedienstete) nacheinander zwei bis drei Gänge serviert, die jeweils aus diversen Speisen bestanden. Wann man was aß, war genau geregelt – das Motto einer kompletten römischen *cena* lautete: *ab ovo ad mala* („vom Ei bis zu den Äpfeln"). So konnte sich die *cena* bis spät in den Abend hinziehen, vor allem wenn auf das Essen eine *commissatio* folgte (s. u.).

Das *triclinium* hatte seinen Namen von den drei Liegen (griech. *klínē*), die in Hufeisenform um einen niedrigen Tisch herum angeordnet waren, auf dem serviert wurde. Die Liegen waren so groß, dass auf jede von ihnen bis zu drei Gäste passten – die Anzahl der Gäste war also automatisch auf neun begrenzt, ein „Extrasofa" gab es nicht. Die Gäste lagen schräg mit dem Gesicht zum Tisch, die Füße über dem hinteren Rand der Liege, der linke Arm auf einem Kissen ruhend. Ursprünglich war die *cena* eine reine Männerdomäne; wenn in der Zeit der Republik Ehefrauen anwesend waren, dann mussten sie unterhalb der Liegen auf Schemeln Platz nehmen. Erst in der Kaiserzeit „eroberten" sich die Frauen ihren Platz auf der Liege neben ihren Männern. Waren Kinder dabei, saßen sie ebenfalls auf niedrigen Hockern. Die Liege war ein Statussymbol; ärmere Römer saßen beim Essen auf Bänken oder Hockern ohne Rückenlehne. In diesem Zusammenhang gibt es eine bemerkenswerte Anekdote über den jüngeren Cato aus dem römischen Bürgerkrieg gegen Ende der Republik: „Seit dem Tag, als er von der Niederlage bei Pharsalos erfahren hatte, aß er im Sitzen; es war eines der Anzeichen seiner Trauer, und er legte sich nicht mehr nieder, außer zum Schlafen" (Plutarch, Cat. 56). Im Sitzen zu essen galt als unfein und sogar als schmerzhaft.

Beim Essen verwendete man Messer und mehrere Löffel verschiedener Größe. Außerdem hatte jeder Gast einen Zahnstocher, der an einem Ende ebenfalls einen kleinen löffelartigen Fortsatz hatte und dazu diente, zwischendrin die Ohren zu reinigen. Gabeln kannte man noch nicht, so dass man vielfach die Hände benutzte. Da die Sauberkeit aber eines der obersten Gebote war, tauchten nach jedem Gang Diener bzw. Sklaven auf, die die Hände der Gäste mit parfümiertem Wasser wuschen und mit Tüchern trockneten. Am Tisch lagen zudem Servietten (*mappae*) bereit, mit denen man sich den Mund abwischte; mitunter brachten die Gäste auch ihre eigenen *mappae* mit, die am Ende des Festmahls dazu verwendet wurden, ein paar übrig gebliebene Köstlichkeiten oder auch kleine Geschenke (*apophoreta*) heim zu transportieren.

Nahmen die Gäste keine Reste mit, so durften sich, wie bezeugt ist, oft nach dem Abräumen die Sklavinnen und Sklaven des Hauses darüber hermachen. Das darf jedoch nicht darüber hinwegtäuschen, dass die Sklaven in Rom der absoluten Verfügungsgewalt ihres Herrn unterlagen und sich während des Festmahls möglichst keine Fehler erlauben durften. So ist beispielsweise für Publius Vedius Pollio überliefert, dass er einen Sklaven, der bei der *cena* als Mundschenk fungierte und aus Versehen einen kristallenen Pokal zerbrach, zur Strafe zu den Neunaugen in seinem Fischteich werfen lassen wollte. Nur durch das Einschreiten Kaiser Augustus', der sich unter den Gästen befand, entging er der Strafe.

Doch nicht nur die Sklavinnen und Sklaven, sondern auch die Gäste mussten sich an Regeln halten: So galt es als höchst unschicklich, sich während des Essens zu erheben, nicht einmal, um auf die Toilette zu gehen. Solange es ging, hielt man eben an – mindestens

Plinius d. J. antwortet auf eine Einladung zum Abendessen und stellt im Voraus gewisse Bedingungen, die zeigen, dass er als anspruchsvolles Mitglied der Oberschicht von allzu zügellosen Tafelfreuden gar nichts hält.

Gaius Plinius grüßt seinen Freund Catilius Severus.
Ich komme gerne zum Abendessen zu dir, aber möchte jetzt schon darum bitten, dass es nicht allzu üppig ausfällt, dass es stattdessen genügend intelligente Gespräche nach Art des Sokrates gibt, aber auch an diesen nicht allzu viel. Denn es wird so manchen Besuch vor Anbruch des Morgens geben, und selbst Cato käme nicht ungestraft davon, wenn er dort hineingeraten wäre – er, den Julius Caesar so sehr tadelte, dass es schon wieder ein Lob ist. Er schreibt nämlich, dass Leute, die ihn, betrunken wie er war, auf der Straße trafen und sein Haupt enthüllten, erröteten, und dazu meinte er: „Da hätte man glauben mögen, dass nicht jene den Cato ertappt hätten, sondern er sie." Wie könnte man Cato größere Autorität zusprechen, als dass man ihm selbst in betrunkenem Zustand noch Hochachtung entgegenbringen musste? Was unser Abendessen betrifft, so sollten sich nicht nur der Aufwand und die Kosten im Rahmen halten, sondern auch die Dauer des Ganzen. Wir gehören schließlich nicht zu jenen Leuten, die nicht von ihren Feinden gelobt werden können, ohne dass sie sie dabei gleichzeitig loben.
Leb wohl.

(Plinius, ep. 3.12)

bis der Hauptgang verzehrt war. Denn dann gab es eine Pause, während derer die Anwesenden einen Teil der Speisen und Getränke den Hausgöttern (*Lares*) opferten.

Zwischen den Gängen wurden oft Brechmittel oder große Vogelfedern gereicht, mittels derer sich die Gäste diskret erbrechen konnten. Anders als man heute gerne glaubt, diente dies jedoch nicht dazu, sich unkontrolliert mit allem, was gereicht wurde, vollzufressen, sondern sollte im Gegenteil dafür sorgen, dass man nicht die

In seinem berühmten Roman *Die letzten Tage von Pompeji* beschreibt Edward Bulwer-Lytton eine ausführliche Gelage-Szene mit zahlreichen Details, die fast wirken, als seien sie geradewegs einem Lehrbuch über römische Tischsitten entnommen.

Zwischen köstlichen Feigen, frischen, mit Schnee bestreuten Kräutern und Eiern wurden kleine Becher eines herrlichen, mit etwas Honig vermischten Weines aufgestellt. Darauf überreichten junge Sklaven jedem der fünf Gäste (denn größer war ihre Anzahl nicht) ein silbernes Becken mit wohlriechendem Wasser und Handtücher mit einer purpurnen Einfassung. Doch der Ädil zog sein eigenes Tuch hervor, welches zwar nicht von so feiner Leinwand, aber dessen Rand sehr breit war, und trocknete seine Hände auf eine Weise, welche die Bewunderung in Anspruch zu nehmen berechnet war.
„Du hast da ein schönes Tuch," sagte Klodius, „die Borte ist so breit wie ein Gürtel."
„Oh, es ist nichts Besonderes, mein Klodius! Man sagt mir, daß dieses die neueste Mode zu Rom ist, doch Glaukus versteht mehr von diesen Sachen als ich."
„Sei uns günstig, o Bacchus!", sagte Glaukus, indem er sich ehrerbietig gegen ein schönes Bild des Gottes neigte, das mitten auf dem Tische stand, an dessen Enden die Laren und die Salzfässer aufgestellt waren. Die Gäste stimmten in diese Anrufung mit ein, und indem sie Wein auf den Tisch sprengten, vollbrachten sie die gewöhnliche Libation.
Nachdem dies geschehen war, nahmen die Gäste ihre Plätze auf den Ruhebetten ein, und das Mahl begann.
„Möge dieser Becher mein letzter sein," sagte der junge Sallust, als die zu Erregung des Appetits zuerst aufgetragenen Speisen abgenommen waren, die eigentlichen Gerichte folgten und ein Sklave ihm ein bis an den Rand gefülltes Trinkgefäß überreichte, „möge dieser Becher mein letzter sein, wenn dieses nicht der beste Wein ist, den ich je zu Pompeji getrunken habe!"
„Bringe die Amphora her", sagte Glaukus, „und lies den Jahrgang des Weines."

Der Sklave beeilte sich, der Gesellschaft mitzuteilen, daß das Alter von vierzig Jahren und der Geburtsort Chios angegeben sei.
„Wie köstlich der Schnee ihn gekühlt hat", sagte Pansa.
„Er ist wie die Erfahrung eines Mannes," bemerkte Sallust, „der seine Leidenschaften hinlänglich abgekühlt hat, um ihnen desto mehr Genuß gewähren zu können."
„Er ist wie das Nein! eines Weibes," fügte Glaukus hinzu, „es kühlt ab, um nur noch mehr das Feuer anzufachen."

(Edward Bulwer-Lytton: Die letzten Tage von Pompeji, Berlin 1924, Übersetzung: Wilhelm Cremer)

Beherrschung über sich verlor, indem man z. B. schon beim Essen betrunken wurde – das sparte man sich für die spätere *commissatio* auf.

Natürlich war bei einem solchen Festmahl auch für Unterhaltung gesorgt: Je nach Vorliebe lauschte man zwischen den einzelnen Gängen (oder auch erst nach dem Essen) Flöten- oder Lyraspielern, man hörte sich von des Lesens kundigen Sklaven vorgetragene Gedichte an, oder man bestaunte Jongleure, Feuerschlucker oder exotische Tänzerinnen.

Trimalchios Schlemmereien

Es gibt diverse Erwähnungen und Beschreibungen von Festmählern in der römischen Literatur, doch eine stellt sie alle in den Schatten: die *cena Trimalchionis* aus dem Roman des Schriftstellers Titus Petronius (ca. 27–66 n. Chr.), der zu Kaiser Neros Hofstaat gehörte. Petrons teilweise überlieferter satirischer Roman, den man heute *Satyricon* nennt, ist vor allem für eine Szene berühmt, in der der Protagonist Encolpius bei einem reichen Mann namens Trimalchio zu Gast ist – der geradezu unerhört exzessiv zu leben versteht, wovon die Gäste beim Festmahl auf eindrucksvolle Weise zu Zeugen werden.

> „Als Erstes gab es Wildschwein, gefangen in Lukanien, als ein sanfter Wind aus Süden wehte."
>
> Horaz in seinen *Satiren*

Federico Fellini verfilmte *Satyricon* im Jahr1969, und die in Teilen ziemlich realistische Darstellung seines „Science-Fiction-Films, der in der Vergangenheit spielt", sorgte für einen Skandal – nicht zuletzt durch die Darstellung des Gastmahls des Trimalchio, das hier zum Sinnbild römischer Dekadenz wird (und sich kurz darauf in *Asterix bei den Schweizern* wiederfand, wo Statthalter Agrippus Virus sich „in Auerochsfett gebratene Schweinskaldaunen" servieren lässt – „mit Honig!"). Dabei muss man auch für die literarische Vorlage konstatieren, dass einiges satirisch überspitzt ist; die römischen Dichter wie Horaz machten sich gerne über allzu prätentiöse Gastgeber lustig. Dennoch bestätigen uns auch andere Quellen, dass die Beschreibungen Petrons hier keinesfalls unrealistisch sind. Gerade beim Essen galt: je reicher, desto verrückter. So war Petron vor allem ein genauer Beobachter, und es gelang ihm, einzelne Charaktere hinsichtlich ihres gesellschaftlichen Rangs durch ihre Sprache zu charakterisieren. Unterhaltungen zwischen Sklaven und Freigelassenen bei Petron sind deshalb eine unserer wenigen Quellen für die lateinische Umgangssprache.

Mitte 2013 sorgte der reaktionäre amerikanische Altertumswissenschaftler Victor Davis Hanson für Aufsehen, als er in einem Blogbeitrag mit dem Titel *An American Satyricon* vor der Dekadenz der US-amerikanischen Gesellschaft warnte und Parallelen zum „Gastmahl des Trimalchio" zog. Hier musste Petrons Roman einmal mehr für jemanden herhalten, für den nach eigenem Bekunden Lady Gaga und Bill Clinton den Untergang des Abendlands bedeuten.

Das Festmahl bei Trimalchio

Endlich legten wir uns zum Essen hin: Ägyptische Sklaven gossen uns mit Schnee gekühltes Wasser über die Hände, andere knieten sich hin und schnitten uns äußerst geschickt die Fußnägel. Und dieses lästige Geschäft verrichteten sie nicht still und leise, sondern sie sangen sogar noch dabei. Ich wollte testen, ob alle Hausangestellten sängen, und so bestellte ich etwas zu trinken. Hilfsbereit und mit lautem Gesang ging der Knabe auf meinen Wunsch ein, ebenso wie alle anderen, die man um einen Gefallen bat. Du hättest das Ganze für einen Pantomimen-Chor gehalten, nicht für das Speisezimmer eines reichen Mannes.

Dann trug man eine äußerst raffinierte Vorspeise auf, denn alle Gäste hatten sich nun zum Essen gelegt – alle außer Trimalchio, dem man, nach neuester Sitte, den ersten Platz freihielt. Man hatte einen kleinen korinthischen Esel aufgestellt, der zwei Säcke trug: grüne Oliven auf der einen, schwarze auf der anderen Seite. Neben dem Esel standen zwei Schalen, Silbergeschirr mit dem Namen Trimalchio eingraviert. An Eisenstangen waren Haselmäuse aufgehängt, bestrichen mit Honig und mit bestreut mit Mohn. Heiße Bratwürste gab es, auf silbernem Grill, darunter syrische Pflaumen mit Granatapfelkernen.

Wir genossen diese prächtigen Speisen, als Musik erklang und man nun Trimalchio selbst hereinbrachte, der sofort unter einem wahren Berg von Kissen beinahe verschwand, so dass wir lachen mussten, ohne es zu wollen: Aus seinem roten Umhang schaute nur sein glatt rasierter Schädel heraus, und um seinen gut eingepackten Hals hatte man ihm noch ein Tuch gelegt mit einem breitem Streifen aus Purpur, mit herunterhängenden Fransen. Am kleinen Finger der linken Hand trug er einen großen vergoldeten Ring und am äußersten Glied des Fingers daneben einen kleineren ganz aus Gold, wie mir schien, mit kleinen eisernen Sternen daran. Den rechten Arm trug er unbedeckt, um uns noch mehr Reichtum zu zeigen: ein goldenes Armband war daran und ein Reifen aus Elfenbein mit einem Verschluss aus glänzendem Metall.

Nachdem er sich mit einer silbernen Feder in den Zähnen herumgestochert hatte, sagte er: „Freunde, eigentlich war ich noch nicht bereit, ins

Speisezimmer zu kommen, aber ich wollte euch meine Anwesenheit nicht länger versagen und habe stattdessen mir Spiel und Spaß versagt. Dennoch gestattet mir, noch eben zu Ende zu spielen." Ein Sklave trat ein, mit einem Spielbrett aus teurem Holz und Würfeln aus Bergkristall und ich bemerkte wiederum ein Zeichen seines exquisiten Geschmacks – denn die Spielsteine waren nicht schwarz und weiß, sondern aus Gold und aus Silber.

Während Trimalchio beim Spiel nacheinander mit allen Wörtern der Gossensprache um sich warf und wir noch bei der Vorspeise waren, wurde ein Korb aufgetragen, in dem eine hölzerne Henne saß, die Flügel um sich gespreizt, als würde sie gerade brüten. Wilde Musik erklang, und zwei Sklaven begannen das Stroh im Korb zu durchsuchen. Sie brachten Pfaueneier ans Tageslicht und gaben sie an die Gäste weiter. Trimalchio beobachtete und sagte dann: „Freunde, ich habe angeordnet, der Henne Pfaueneier unterzulegen. Und, beim Herkules, ich fürchte, die Henne hat sie schon angebrütet. Dennoch wollen wir versuchen, ob man sie noch schlürfen kann!" Man gab uns Löffel, die ein gutes halbes Pfund wogen, und klopften auf die Eierschalen, die aus gebackenem Teig bestanden. Ich hätte meines beinahe fortgetan, denn mir schien der Dotter schon zum Küken geworden zu sein, aber da hörte ich einen der älteren und erfahreneren Gäste sagen: „Das hier ist etwas ganz Feines." Ich folgte seinem Beispiel, griff in die Schale und fand eine fette Feigendrossel vor, gebacken in gepfeffertem Dotter.

Trimalchio beendete sein Spiel und ließ sich von allem etwas geben und gab mit lauter Stimme zu verstehen, er werde mit jedem noch einen Becher Honigwein trinken, als plötzlich ein musikalisches Zeichen ertönte und die Vorspeisen, wie sie gekommen waren, von singenden Dienern weggebracht wurden, wobei im Durcheinander eine Schüssel zu Boden fiel und ein Sklave sie aufhob. Trimalchio bemerkte dies und gab den Befehl, den Jungen mit einer Ohrfeige zu bestrafen und die Schüssel wieder hinfallen zu lassen. Der Hausmeister kam und fegte die Silberschüssel zusammen mit dem übrigen Unrat fort. Daraufhin traten zwei lockige Äthiopier ein, Schläuche in der Hand, wie man sie vom Amphitheater kennt, wo man damit den Sand ausstreut, und gossen

Wein auf unsere Hände, denn niemand schickte sich an, uns Wasser dafür zu reichen.
Als man den Herren für all diese feinen und vornehmen Dinge lobte, sagte er: „Mars liebt einen fairen Kampf. Deshalb habe ich befohlen, dass jeder seinen eigenen Tisch erhält. Auf diese Weise werden uns die stinkenden Sklaven weniger erhitzen, wenn sie so oft auftauchen."
In dem Moment brachte man sorgfältig mit Gips verkleidete gläserne Amphoren, an deren Hälse Etiketten angebracht waren, auf denen stand: Hundertjähriger *Opimianischer Falerner.* Als wir dies lasen, klatschte Trimalchio in die Hände und sprach: „Oh weh, der Wein lebt schon länger als ein Menschlein. Deshalb: Prosit! Leben ist Wein! Ich biete euch hier echten Falernerwein. Den Gästen gestern habe ich keinen so guten angeboten, und das waren viel anständigere Gäste als ihr."
Als wir so tranken und uns die prächtigen Schauobjekte sorgfältig ansahen, da brachte ein Sklave ein silbernes Skelett, bei dem man die Gelenke und Wirbel in alle Richtungen verbiegen konnte.
Trimalchio warf die Gliederpuppe mehrmals über den Tisch und die verrenkte sie zu verschiedenen Stellungen; dann sprach er die Verse: „Ach wir Armen, das ganze Menschlein ist doch nichts! / So werden wir alle sein, nachdem der Orkus uns fortgetragen hat. / Lasst uns also leben, solange es noch erlaubt sei, es uns gutgehen zu lassen."
Der Lobrede folgte ein weiterer Gang, den wir so nicht erwartet hatten, der aber dennoch die Augen aller auf sich zog. Denn der runde Tafelaufsatz zeigte im Kreis die 12 Sternzeichen, und darauf legte der Erbauer je eine Speise, die dazu passte: beim Widder eine Widdererbse, beim Stier ein Stück Rindfleisch, bei den Zwillingen Hoden und Nieren, beim Krebs einen Kranz, beim Löwen eine afrikanische Feige, bei der Jungfrau die Gebärmutter einer Sau, die noch nicht geworfen hatte, bei der Waage eine Waage, in deren einer Schale warme Torte, in deren anderer Kuchen lag, beim Skorpion ein kleiner Meeresfisch, beim Schützen ein Hase, beim Steinbock ein Fangschreckenkrebs, beim Wassermann eine Gans und bei den Fischen zwei Meerbarben. In der Mitte des Ganzen aber lag ein Stück Rasen, auf dessen Grashalmen eine Ho-

nigwabe thronte. Ein ägyptischer Sklave reichte Brot aus einer silbernen Röstpfanne und presste dabei mit furchtbarer Stimme ein Lied aus dem Schauspiel *Laserpicarius* hervor.

Wir waren ein wenig missmutig, als wir uns an diese doch eher dürftigen Speisen heranmachten; da sprach Trimalchio: „Ich rate euch, esst! Sonst bekommt ihr den nächsten Gang nicht zu sehen!"

Nach diesen Worten liefen vier Sklaven zur Musik im Dreivierteltakt herbei und hoben den oberen Teil des Tafelaufsatzes ab. Zum Vorschein kamen (auf einem weiteren Speisbrett) Mastgeflügel, Saueuter und ein in der Mitte mit Federn geschmückter Hase, der wohl aussehen sollte wie Pegasus. Wir sahen an den Ecken des Tafelaufsatzes vier Marsysas-Statuetten, aus deren Schläuchen Garum über die Fische lief, die schon in einem regelrechten Teich davon schwammen.

Nachdem die Sklaven damit begannen, applaudierten alle, und dann machten wir uns lachend über diese erlesenen Delikatessen her. Trimalchio selbst freute sich genauso über dieses Kunststück und rief: „*Carpe*!" Sofort kam ein Tranchierer und zerkleinerte die Speisen zum Takt der Musik auf eine Weise, dass man hätte glauben können, ein Streitwagenkämpfer gäbe zum Spiel einer Wasserorgel eine Vorstellung. Dennoch rief Trimalchio immer wieder mit schleppender Stimme: „*Carpe*! *Carpe*!"

Ich nahm an, dass in diesem so oft wiederholten Wort ein feinsinniger Spaß lag, so scheute ich mich nicht, meinen Tischnachbarn danach zu fragen.

Er indes hatte dieses Spielchen schon öfters mit angesehen, und so sprach er: „Siehst du den, der das Hauptgericht da zerschneidet? Er heißt *Carpe*. Und jedes Mal, wenn er ‚*Carpe*' sagt, nennt er ihn beim Namen und erteilt ihm zugleich einen Befehl."

(Petron, Sat. 31.3 ff.)

Wein, Wein und ... Wein

„Von außen Öl, von innen Wein“ – so lautete die Devise des Romilius Pollio, der über 100 Jahre alt war, als Augustus ihn zu sich riefen ließ und ihn fragte, wie er es geschafft habe, ein so hohes Alter zu erlangen und zugleich so rüstig zu bleiben. Die römischen Städte wurden meist über Aquädukte mit Wasser versorgt, das eine gute Trinkqualität hatte, aber Wein war das bei Weitem beliebteste Getränk im Römischen Reich. Auch wenn man natürlich seine berauschende Wirkung kannte und schätzte, galt Wein durchaus als gesund und leistungsfördernd; der ältere Cato schrieb, man solle sogar an Sklaven pro Woche möglichst 5 Liter Wein austeilen – wenn ein Sklave krank sei, könne man seine Ration auf die arbeitenden Sklaven verteilen.

Wie wichtig der Wein für die römische Kultur war, lässt sich schon daran ermessen, dass es, wie im 1. Kapitel beschrieben, mehrere Festtage im Jahr gab, die ihn feierten. Entsprechend schlimm war es, wenn der Wein knapp wurde; für die Herrschaft des Augustus ist zeitweise bezeugt, dass die Winzer der immer weiter steigenden Nachfrage nicht hinterherkamen und Rufe aus der Bevölkerung laut wurden, ähnlich den Getreidespenden an das Volk auch gratis Wein verteilen zu lassen.

Allerdings darf man es sich nicht wie heute vorstellen, dass eine Flasche (bzw. Amphore) mit Wein geöffnet wurde und man den Inhalt in Becher goss und trank. Der Wein wurde fast immer auf bestimmte Weise behandelt, verfeinert oder zubereitet. Vor dem Essen servierte man den Wein beispielsweise gerne als *mulsum*, das als besonders gesund galt. Dazu mischte man Honig und Gewürze entweder direkt mit Wein oder mit Traubensaft und ließ die Mischung gären.

Der Wein, den man zum Essen oder danach trank, wurde ebenfalls oft geschmacklich verändert, indem man ihm bestimmte Gewürze (sogar Pfeffer und Myrrhe) beimengte oder ihn zuvor einkochte. Im ganzen Imperium bauten die Römer Wein an, sogar in Britannien, und obendrein florierte der Handel mit Wein – in Rom erhielt man

Unvermischter Wein diente manchmal auch dazu, zu demonstrieren, dass man sich nichts aus Konventionen machte, wie dieses Gedicht des Catull zeigt.

Knabe, der du den Wein ausschenkst, füll mir
mit dem alten Falerner die bitteren Becher,
wie es das Gesetz der Herrin Postumia befiehlt,
die betrunkener ist als eine trunkene Traube.
Du aber, Wasser, hinfort mit dir, des Weins
Verderben bist du! Fließ hin zu den ernsten Leuten!
Hier gibt es unvermischten Bacchus-Wein!

(Catull 27)

auf dem Forum Weine aus der ganzen bekannten Welt. So gut wie alle westeuropäischen Weinanbauregionen blicken heute auf eine Geschichte zurück, die bis in römische Zeit reicht.

Der beste und teuerste Wein Roms war der Falerner (*Falernum*), den man aus Aglianico- oder Greco-Bianco-Trauben herstellte, die im *ager Falernus* in der latinisch-kampanischen Grenzregion wuchsen (heute befinden sich dort die Weinberge von Rocca di Mondragone und Monte Massico) und nach verschiedenen Höhenlagen kategorisiert wurden. Es handelte sich um einen Weiß- oder Rotwein mit einem Alkoholgehalt von etwa 15 %. Wichtig war, dass nur die Spätlese verwendet wurde, und im besten Fall hatten die Trauben bereits Frost bekommen. Drei Varianten gab es: trocken (*austerum*), süß (*dulce*) und hell (*tenue*). Der beste Falerner reifte etwa 20 Jahre in tönernen Amphoren, bevor er in den Handel kam, wodurch er eine gelb-bräunliche Färbung erhielt. Natürlich war dieser Wein nicht nur besonders hochwertig, sondern auch besonders teuer. Ein Graffito aus Pompeji gibt die Preise für Wein in einer Schankwirtschaft folgendermaßen an: „Für 1 As bekommst du Wein. Für 2 As bekommst den besten Wein. Für 4 As bekommst Falerner“ (CIL 4.1679). Aller-

„Ein Gastmahl im alten Rom: Beim Weinmischen im Sklavengang", Holzstich, um 1880. Nach einer Zeichnung des Malers Albert Baur (1835–1906). Eine interessante Abwandlung des gängigen Motivs römischer Gelageszenen: Im Vordergrund sind Sklaven zu sehen, die den Wein mischen, während die cena *im Nebenraum stattfindet, den man nur durch die Tür erspähen kann. Dass es dabei so fröhlich zuging wie hier, darf jedoch bezweifelt werden.*

Wein mit Honig: ein echtes Wundermittel

Was *mulsum* betrifft, so ist es immer am besten, wenn es aus besonders altem Wein gemacht wird; er verbindet sich auch besonders gut mit Honig, was bei süßem Wein nie der Fall ist. Wenn man es mit herbem Wein macht, verstopft es nicht den Magen, auch nicht, wenn der Honig gekocht worden ist; in diesem letzten Fall bewirkt es auch weniger Blähungen, was bei diesem Getränk ein häufiger Nachteil ist. Es wirkt anregend bei fehlendem Appetit; nimmt man es kalt zu sich, entspannt es den Darm, aber verwendet man es warm, wirkt es in den meisten Fällen stopfend.

(Plinius d. Ä., nat. 22.113)

dings gehörte es zum guten Ton, den Wein, selbst wenn man ihn ohne Gewürze trank, zusätzlich (im Verhältnis 3:1 bis 1:5) mit Wasser zu verdünnen – der „Unvermischte“ (*merus*), wie ihn Barbaren wie die Kelten tranken, war die Domäne von Säufern und Tunichtguten.

Saufen nach Programm

In der römischen Oberschicht war sogar reguliert, *wie* man sich betrank: Bei der *cena* sollte man sich im Allgemeinen mit dem Weingenuss zurückhalten; oft schlossen sich aber an das eigentliche Essen noch die sogenannten *secundae mensae* an, weitere Häppchen, zu denen man schon etwas mehr Wein konsumieren durfte. Das eigentliche Besäufnis gab es aber erst, wenn (bzw. falls) sich an das Essen eine sogenannte *commissatio* anschloss. In mehrerlei Hinsicht war dies wieder eine von den Griechen übernommene Sitte, deren Symposion eine wichtige kulturelle Institution war – mit dem Unterschied, dass das gemeinschaftliche Trinken der Hellenen am fortgeschrittenen Abend den Ursprung darin hatte, dass sie anders als die Römer zum Essen gar nichts zu trinken pflegten. Doch ging es beim Symposion nicht nur darum, zu trinken (bzw. sich zu betrinken), sondern auch um Geselligkeit und anregende Gespräche, mitunter begleitet von Hintergrundmusik, tänzerischen Darbietungen oder Sex mit angemieteten Prostituierten. Was das römische vom griechischen Zechen indes unterschied, war, dass wie bei den Etruskern zu bestimmten Zeiten Frauen (und nicht nur Sklavinnen oder Prostituierte) daran teilnahmen.

Genau wie bei den Griechen wurde zunächst einer der Gäste zum *rex* oder *magister bibendi* ernannt, zum „Trinkmeister“ und Vorsitzenden der *commissatio*, der die folgenden Aktivitäten beaufsichtigen sollte. Wer den Posten bekam, wurde in der Regel durch Los oder Würfeln entschieden. Dann wurde der Wein aus den Amphoren in ein Mischgefäß (*crater*) geschüttet und, wie erwähnt, in der Regel mit Wasser vermischt, wobei der *magister bibendi* zu bestimmen hatte, in welchem Verhältnis gemischt wurde. Die Größe der Becher war ebenfalls vorgeschrieben, sie sollten für alle Gäste die gleiche Größe haben, durften aber wiederum nicht zu groß sein.

Dem Dichter Horaz gefällt gar nicht, wie viele Regeln man beim Trinkgelage befolgen soll.

Jeder Gast soll bei mir ganz nach Belieben
ungleich große Becher leeren, befreit vom Unsinn der
Trinkgesetze! Kann doch sein, dass der Stärkere mehr verträgt,
der Schwächere sich lieber langsam betrinkt.

(Horaz, sat. 2.6.68 ff.)

Diverse Trinkspiele sind überliefert, deren Ziel es war, über kurz oder lang betrunken zu werden. Relativ schnell wird es bei folgendem Spiel gegangen sein: Derjenige, der an der Reihe war, musste auf einen anderen der Anwesenden trinken, und zwar so viele Becher, wie dessen Name (inklusive Prae- und Cognomina) Buchstaben besaß; bei einem Namen wie dem von *Quintus Caecilius Metellus Creticus Silanus* (Konsul des Jahres 7 n. Chr.) wird dieses Spiel, das man *ad numerum bibere* nannte, für manche Teilnehmer nicht allzu lang gedauert haben. Bei einer anderen verbreiteten Sitte ist überliefert, dass sie gesetzlich verboten wurde: Dabei handelte es sich wohl um den vor allem bei Begräbnisfeiern verbreiteten Brauch, reihum in möglichst rascher Folge die Becher zu leeren. In-

Seneca gegen das Komasaufen

Was ist [es] für ein Ruhm, viel zu fassen? Wenn Du nun auch die Palme errungen hast, wenn deine Zechbrüder niedergestreckt von Schlaf und Übelkeit auf Dein Zutrinken nicht mehr Bescheid tun können, wenn Du der Einzige bist, der noch aufrecht steht, wenn Du alle in dieser erhabenen Tugend überwunden hast und niemand so viel Wein zu fassen vermag als Du – so wirst Du doch vom Fasse selbst übertroffen. Was war es sonst, was den Marcus Antonius, diesen großen Mann von ungewöhnlichen Talenten, zu Grunde richtete und zu fremden Sitten und unrömischen Lastern verführte, als seine Liebe zum Wein und die nicht geringere zu Kleopatra? Dies machte, daß er ein Feind des Staates und seinen eigenen Feinden nicht gewachsen war; dies machte ihn grausam, so daß er die Häupter der ersten Männer des Staates sich über die Tafel bringen ließ; daß er inmitten der köstlichsten Schüsseln und königlichen Wohllebens die Gesichtszüge und Hände der Geächteten zu erkennen suchte und vom Wein übersättigt nach Blut dürstete. Unverzeihlich war es schon, daß er sich zu betrinken pflegte – noch unverzeihlicher, daß er in der Trunkenheit solche Dinge verübte!

Aber fast immer ist Grausamkeit im Gefolge der Völlerei, denn diese stört den gesunden Zustand des Gemüts und reizt es zur Heftigkeit aus. Wie die Augen durch anhaltende Krankheiten so empfindlich werden, daß auch der schwächste Sonnenstrahl sie schmerzhaft reizt, so verwildert das Gemüt bei fortgesetzter Trunkenheit. Denn wer häufig nicht bei sich ist, bei dem verhärten sich die Laster unter der Gewohnheit dieses Wahnsinns, und vom Weine erzeugt wirken sie auch ohne diesen. So zeige, warum der Weise sich nicht betrinken darf – beweise das Häßliche und Nachteilige der Sache mit Tatsachen, nicht mit Worten! Und nichts ist leichter: Zeige, daß, was man Vergnügen nennt, zur Strafe wird, sobald es das Maß überschreitet. Wenn Du aber dartun wolltest, der Weise könne zwar mit Wein sich anfüllen, werde aber auch, wenn er berauscht sei, gleichwohl seine richtige Haltung nicht aufgeben – so könntest Du auch behaupten, er werde nicht sterben, auch wenn er Gift getrunken, nicht einschlafen, wenn er einen Schlaftrunk genommen, noch auch wenn er Nieswurz bekomme, alles dasjenige ausstoßen, was er in sich hat. Nein, wenn seine Füße wanken und seine Zunge lallt, wie sollte man ihn nur teilweise für betrunken teilweise aber für nüchtern halten?

(Seneca, Mor. 83.24 ff., Übersetzung: August Pauly)

wieweit der Staat in der Lage war, ein solches Verbot zu kontrollieren, ist nicht bekannt.

Wenn die *commissatio* zu Ende ging, oft erst in den frühen Morgenstunden, war es durchaus erwünscht, dass die Gäste betrunken waren – allerdings nicht so sehr, dass sie sich nicht mehr bewegen konnten oder aus dem Rahmen fielen (s. u.), das galt als unschicklich. Und der Rausch sollte auch nicht allzu früh einsetzen und so den Abend beenden. Auch darüber hatte der *magister bibendi* zu wachen. Um den Alkoholpegel im Körper zu regulieren, griff man auch während des Trinkens immer wieder zu den erwähnten Brechmitteln.

Ebenfalls nicht gern gesehen waren Gäste, die unter dem Einfluss des Alkohols zudringlich oder streitlustig wurden. Davon zeugen ein paar Verse an den Wänden des *triclinium* des (deshalb so getauften) „Haus des Moralisten" in Pompeji.

Wende die lüsterne Miene und den aufreizenden Blick ab
von der Frau eines anderen! Schamhaft sei dein Mund!
Lass Zankerei und hasserfüllten Streit,
wenn du kannst, oder geh wieder nach Hause!

(CIL 4.7698)

UM ACHT IST ORGIE BEI CAESARS: PRIVATE AUSSCHWEIFUNGEN

Essen und Trinken konnten durchaus aus dem Ruder laufen und Ausdruck eines dekadenten Lebensstils sein. Dennoch waren dies relativ normale bzw. alltägliche Vorgänge. Daneben gibt es aber genügend Zeugnisse für private Veranstaltungen, die eher dem, was wir heute als „Orgie“ bezeichnen, entsprechen – vor allem, wenn es dabei um Sex geht. Orgien dem heutigen Verständnis nach fanden sich vor allem beim Symposion im klassischen Griechenland, zu dem oft Hetären, also Prostituierte, gemietet wurden; Darstellungen von Gruppensexszenen, die in den Bereich der Symposien gehören, finden sich auf zahlreichen griechischen Vasen und Tellern.

In Rom war dies freilich ein wenig anders. Die römische Sexualmoral unterlag strengen Normen: Sex gehörte in die Ehe und diente dazu, Kinder zu zeugen. Ausgenommen davon war Geschlechtsverkehr mit Sklavinnen und Sklaven – doch galt dies nur für römische Männer. Und, ja, auch mit männlichen Sklaven: Die römischen Sexualnormen unterschieden nicht nach Homo- und Heterosexualität, sondern nur nach aktiver und passiver Rolle, und solange ein Mann die aktive Rolle einnahm, war er auf der sicheren Seite. Da Prostituierte in der Regel Sklavinnen waren, verstieß auch ihr Besuch nicht gegen die Norm, auch wenn konservative Römer dies in der Regel nicht guthießen.

Orgien waren indessen nicht so weit verbreitet, wie es sowohl die frühe christliche Gegenkultur als auch die sensationslüsterne Moderne gerne wahrhaben möchte. Der australische Altertumsforscher Alastair Blanshard bemerkt dazu treffend: „In Historienfilmen aus

Wandmalerei aus dem Haus der Epigramme (V 1, 18) in Pompeji. Das Bild zeigt einen erstaunlich menschlich aussehenden Satyr mit einer Mänade. 1821 wurden die meisten erotischen Freskos aus Pompeji zur Konservierung ins Museum von Neapel gebracht; da man sie der Öffentlichkeit aber nicht zumuten wollte, wurden sie in einem „Geheimkabinett“ weggeschlossen. Erst seit 2000 darf man sie wieder bewundern. Neapel, Museo Archeologico Nazionale, Inv. Nr. 27705.

Hollywood gab es bereits mehr Orgien als im alten Rom.“ Und weiter: „Ausschweifende Gelage und dekadenter Luxus waren geradezu unwiderstehlich für zahllose Moralisten, die sich entrüsten wollten, und Freidenker, die sich inspirieren lassen wollten." Tatsächlich ist die römische Orgie heute im Volksglauben ebenso sagenumwoben wie der orientalischen Harem. Anders als Letzteren umranken die Orgie indes weniger falsche Vorstellung davon, *was* dort geschah, als vielmehr, *wie oft* es dazu kam.

Das alles bedeutet indes natürlich nicht, dass sich in Rom keine orgiastischen Szenen abspielten. In der Literatur finden sich unzählige Hinweise darauf, wie wild es manche Römer treiben – und auch Römerinnen, wie in diesem Catull-Epigramm:

> Aufilena, mit einem einzigen Mann zufrieden zu leben,
> ist das größte Lob für eine verheiratete Frau:
> Aber es ist immer noch besser, sich unter jeden darunterzulegen,
> als dem Onkel als Mutter der Brüder zu dienen.
>
> (Catull 111)

Der Hinweis auf den Inzest zeigt jedoch sofort an, dass das lyrische Ich in diesem Gedicht das tolle Treiben der Aufilena keinesfalls gutheißt. Und so muss man viele Stellen in der Literatur, die Orgien, sexuelle Ausschweifungen, Ehebruch oder anderweitig abnormes Verhalten in diesem Bereich beschreiben, genau prüfen – allzu oft steckt nämlich weniger dahinter, als sich die Phantasie des Autors ausmalt (vor allem, wenn es ihm darum geht, das beschriebene Subjekt anzugreifen oder zu verspotten). So berichtet Velleius Paterculus geradezu Erstaunliches über den Politiker Lucius Munatius Plancus, einen Weggefährten von Marcus Antonius:

> Für Geld war er bereit, für alle Menschen alles zu sein. Bei einem Gelage war er, auf den Knien tanzend, in der Rolle des Meeresgotts Glaukos aufgetreten – nackt und mit blau angemaltem Körper, mit einem Fischschwanz versehen und auf dem Kopf eine Krone aus Schilf.
>
> (Velleius 2.83)

Ob dies den Tatsachen entsprach, muss zumindest bezweifelt werden – Velleius Paterculus schrieb mehrere Jahrzehnte nach diesem angeblichen Vorfall, und es ging ihm vor allem darum, Marcus Antonius in ein schlechtes Licht zu rücken.

Im selben Zusammenhang gibt es einen Brief von Marcus Antonius an seinen Erzrivalen Octavian (den späteren Kaiser Augustus), in dem er sich dafür rechtfertigt, ein Verhältnis mit Kleopatra zu haben, und zugleich Octavian angreift, der dafür bekannt war, die Moral der „guten alten Zeit" zu verteidigen – offenbar ist dieser Brief, wenn er denn authentisch ist (überliefert ist er viel später bei Sueton), eine Reaktion darauf, dass Octavian Antonius bat, sein Verhalten zu mäßigen:

> Was hat dich verändert? Dass ich es mit Königin Kleopatra treibe? Sie ist meine Ehefrau. Habe ich denn jetzt erst damit angefangen oder nicht etwa schon vor neun Jahren? Du treibst es also nur mit Livia? Viel Glück weiterhin, wenn du zum Zeitpunkt, wo du dies liest, es nicht auch mit Tertulla oder Terentilla oder Rufilla oder Salvia Titisenia oder all diesen zugleich treibst. Kommt es denn darauf an, wohin oder in wen du deine Erektion steckst?
>
> (Sueton, Aug. 69)

Verheiratet war Marcus Antonius mit Kleopatra übrigens nicht. Die späteren Versuche von Forschern, seine Worte umzudrehen (z. B. aus der Feststellung „sie ist meine Ehefrau" eine Frage zu machen), waren wenig erfolgreich. So ist der Hinweis auf die „Ehefrau Kleopatra" wohl vor allem ein Seitenhieb darauf, dass Octavian es eben nicht nur mit seiner Ehefrau Livia treibt, sondern mit vielen anderen Frauen zugleich – anders als Antonius, der so viel Anstand hat, mit Kleopatra eine monogame (gleichwohl ehebrecherische) Beziehung zu pflegen. Auch wenn er eigentlich mit Octavians Schwester verheiratet ist.

Ein besonders krasses Beispiel dafür, dass eine Person dafür angegriffen wird, sexuell „abartige“ Praktiken zu betreiben, findet sich beim Philosophen Seneca. In einem Kapitel seines naturgeschichtlichem Werk *Naturgeschichtliche Fragen* (*naturales quaestiones*) beschreibt er die Funktionsweise von Spiegeln. Das ist für uns hier an sich weniger interessant. Doch es findet sich dort ein Exkurs über einen Mann namens Hostius Quadra, der sich ganz besondere Spiegel anfertigen ließ und auf ganz spezielle weise benutzte – der berüchtigte Spiegel über dem Bett ist ja heute noch etwas, das man mit sexueller Freizügigkeit bzw. Prostitution verbindet. Bedenkt man außerdem, dass es als unschicklich galt, beim Sex nicht das Licht zu löschen, so kommt man dem, was die Zeitgenossen Hostius Quadra vorwarfen, langsam auf die Spur.

Sex im Spiegel

Seneca über Hostius Quadra, dessen Lebenswandel und sexuelle Praktiken seine Sklaven so verabscheuten, dass sie ihn schließlich umbrachten – was der Philosoph auch durchaus gutheißt.

Seine Abscheulichkeiten beschränkten sich nicht auf ein Geschlecht, sondern er hatte Lust auf Männer wie auf Frauen. Er ließ sich Spiegel anfertigen, wie ich sie als ersten Typus beschrieben habe, solche, die alles größer darstellen, als es in Wirklichkeit ist, und in denen ein Finger so groß und dick aussieht wie ein Arm. Diese ließ er so anordnen, dass er, war er mit einem Mann zusammen, im Spiegel alle Bewegungen des Hengstes hinter ihm sehen konnte und sich genauso sehr an der falschen Größe des Gemächts seines Partners erfreuen konnte, als wäre dies wirklich so groß. In den öffentlichen Thermen rekrutierte er seine Favoriten und wählte Männer aus, die bereits gut bestückt waren, aber sein übles Verlangen erfreute sich auch bei diesen noch an der übertriebenen Darstellung.

Nun sag es ruhig, dass der Spiegel ja dazu erfunden wurde, einen besser aussehen zu lassen! Die Dinge, die dieses Monster gesagt und getan hat (man hätte ihn am Maul packen mögen und daran zerreißen) sind zu abscheulich, um darüber zu reden. An allen Seiten ließ er Spiegel anbringen, damit er sich bei seinen schändlichen Taten besser zusehen konnte. Und das galt auch für geheime Aktivitäten, die einem auf dem Gewissen lasten und von denen jeder bestreitet, dass er sie getan hat, diese präsentierte er nicht nur seinem Mund, sondern sogar seinen Augen.

Aber, bei Herkules, Verbrechen vermeiden es eigentlich, sich selbst zu betrachten! Selbst unter denen, die entartet sind und unempfindlich gegen jeden Einwand, gibt es immer noch ein wenig Anstand hinsichtlich dessen, was sie ihre Augen sehen lassen. Als ob es nicht genug wäre, sich solch unerhörten (und teilweise unbekannten) Aktivitäten hinzugeben, machte er seine Augen auch noch zu Zeugen dieser Handlungen. Und nicht genug, dass sie sehen mussten, wie sehr er sündigte – er umgab sich mit Spiegeln, durch die er seine Laster voneinander trennt und wieder zusammenfügte. Und da er nicht alles genau sehen konnte, wenn er mit dem Kopf eintauchte und sich des Geschlechts seines Partners bemächtigte, ließ er seine eigenen Taten im Spiegel anzeigen. Er betrachtete das obszön-lüsterne Treiben seines eigenen Mundes. Er betrachtete die Männer, die er allesamt alles Mögliche mit seiner Person anstellen ließ. Manchmal gab er sich zugleich einem Mann und einer Frau hin und bot ihnen seinen ganzen Körper dar, um dann die folgenden unsäglichen Handlungen zu beobachten. Was von seinen Taten ließ diese üble Kreatur im Dunkeln? Er schreckte nicht vorm hellen Tageslicht zurück, sondern zeigte sich selbst seinen widerwärtigen Koitus und segnete ihn so für sich ab. Man kann sich durchaus vorstellen, dass er sich am liebsten in dieser Art und Weise von einem Maler hätte porträtieren lassen!

Selbst unter den Prostituierten gibt es noch eine gewisse Schamhaftigkeit, und auch wenn sie in aller Öffentlichkeit zum Vergnügen einladen, so vollziehen sie es dann doch hinter einem Vorhang, der ihre freudlose Hingabe verbirgt. Insofern demonstriert sogar ein Bordell noch ein gewisses Gefühl für Anstand. Dieses Monster jedoch machte seine eigene Obszönität zum Schauspiel und zeigte sich selbst ganz bewusst Hand-

lungen, die so schändlich sind, dass die tiefste Nacht nicht genug wäre, sie zu verbergen.
„Ich gebe mich zur gleichen Zeit", so sprach er, „einem Mann und einer Frau hin. Trotzdem übernimmt auch derjenige Teil meines Körpers, der dabei nicht beschäftigt ist, die Rolle eines Mannes, der eine andere Person missbraucht. Alle meine Organe sind an der Unzucht beteiligt. Auch meine Augen sollen ihren Anteil an den Ausschweifungen haben und zugleich Zeugen und Aufseher dessen sein.
Und dabei soll eine Vorrichtung auch diejenigen Taten zeigen, die die Position unserer Körper aus dem Blickfeld rücken lässt, so dass niemand denkt, ich wüsste nicht, was ich tue. Die Natur hat ein solches Zubehör für die menschliche Lust leider nicht hervorgebracht. Sie hat für den Koitus anderer Lebewesen besser gesorgt. Daher will ich einen Weg finden, um mein krankes Verlangen zu entdecken – und zu erfüllen. Welchen Sinn hätte meine Verderbtheit, wenn ich mich beim Sündigen von der Natur einschränken lassen würde? Ich will mich mit Spiegeln umgeben, von der Art, die die Größe von Objekten auf ein unglaubliches Maß vergrößert. Wenn es irgend möglich wäre, dann würde ich dafür sorgen, dass die Größe Wirklichkeit würde. Doch weil es nicht möglich ist, erfreue ich mich an der Illusion. Lasst meine Lust mehr sehen, als sie bekommt, und darüber staunen, was mir widerfährt."
War für ein beschämendes Verhalten! Mag sein, dass er schnell ermordet wurde, so dass er es gar nicht wirklich mitbekam; besser wäre es gewesen, er hätte in seinem eigenen Spiegel mitansehen müssen, wie man ihn abstach.

(Seneca, nat. 1.16)

Selbst ein eher besonnener Denker wie Seneca kann seinen Hass kaum zügeln, wenn er Hostius Quadra beschreibt. Interessant ist, dass er durchaus einräumt, dass viele Menschen solcherlei tun (gemeint ist natürlich homosexueller Analverkehr), aber man eben eigentlich nicht darüber spreche. Hostius Quadras „Verbrechen" war, in Senecas Augen, offenbar nicht in erster Linie, dass Quadra solcherlei tat, sondern dass er sich freimütig dazu bekannte – und dass

Erotische Szene beim Gelage im triclinium*: Wandmalerei aus dem Haus I 3, 18 in Pompeji, 1. Jahrhundert n. Chr. Dieses Gebäude wurde „Haus der keuschen Liebenden" getauft, wohl aber nur deshalb, weil Wandmalereien wie diese nicht so explizit sind wie die aus dem Bordell oder den Thermen. Neapel, Museo Archeologico Nazionale, Inv. Nr. 9015.*

er sein Schlafzimmer mit Spiegeln pflasterte, um sich dabei zuzusehen. Ein wenig erinnert Senecas Schilderung zudem an die Widersprüchlichkeit bestimmter moderner Darstellungen aus Kirchenkreisen, die Empörung zur Schau stellen sollen, aber dabei nicht davor zurückschrecken, das, was sie als so liederlich anprangern, in aller Detailfreude zu beschreiben. Und bei alledem fragt man sich obendrein: Woher weiß Seneca das eigentlich so genau?

Anders sieht es natürlich aus, wenn römische Schriftsteller über selbst Erlebtes schreiben. Sicherlich muss man auch hier stets auf die Motivation schauen und stets beachten, dass es auch in der antiken Literatur einen Unterschied gibt zwischen dem lyrischen Ich und der realen Person des Autors. Oft sind es offen satirische Texte, was diesen Unterschied zusätzlich betont. Der augusteische Elegiker Properz beispielsweise beschreibt in einem Gedicht ein privates Gelage, das dem ziemlich nahekommt, was wir heute unter einer „Orgie" verstehen – wenn auch in relativ kleinem Rahmen.

Orgie mit Hindernissen

In dieser Elegie will sich Properz' lyrisches „Alter Ego" an seiner Geliebten Cynthia rächen, die ihn in Rom zurückgelassen hat, um sich mit einem anderen Mann zu amüsieren. Dazu lädt er zwei Damen von zweifelhaftem Ruf zu sich nach Hause ein. Leider wird der Gastgeber auf dem Höhepunkt der „Feierlichkeiten" gestört ...

Höre, was letzte Nacht den Esquilin so in Lärmen
setzte und über mein Feld alle die Nachbarn gejagt.
Zu Lanuvium wird ein alter Drache verehrt,
alles rennt dahin, wenn er im Jahr sich zeigt. ...
Hierher begab sich Cynthia nun mit geschorenen Röschen –
Juno, sagte sie, zu lieb, wahrlich, der Venus nur galt's!
Straße des Appius, du, erzähle mir nun die Triumphe,
als ihr rasselndes Rad über die Kiesel dir flog
und der schändliche Zwist entstand in der heimlichen Schenke,
ohne mich, aber doch nicht ohne Beschimpfung von mir.
Sie selbst hing an dem vordersten Sitz und bot sich zum Schauspiel.
Dreist kutschierte sie hin über den schmutzigen Weg.
Noch verschweig ich den seidenen Wagen des schändlichen Lüstlings
und wie die Hunde man ihm zierlich mit Bändern geschmückt.
Bald wird dieser den Wanst verkaufen für niedere Mastung,

sticht ihm der hässliche Bart aus dem berauften Kinn.
Da ich so oft mein Bett auf grausame Weise beschimpft sah,
wollte ich mir auch nun einmal anderswo suchen den Feind.
Nahe der aventinischen Diana wohnt eine Phyllis,
nüchtern steht ihr nichts, trunken doch alles ihr an.
Teja heißt die andere, sie wohnt am tarpejischen Hain,
hübsch von Gesicht, doch beim Wein gleicht an Frechheit ihr nichts.
Diese ließ ich mir kommen, die Nacht gemütlich zu leben,
Streiche der vorigen Zeit wieder einmal zu erneuen.
Ein gesonderter Rasen enthielt ein Lager für drei,
und den Ruheplatz nahm zwischen den beiden ich ein.
Lygdamus diente als Schenke beim kleinen gläsernen Hausrat
und beim schleichenden Saft des methymnäischen Mosts.
Noch war ein Flötenspieler vom Nil da, eine aus Phila
schlug die Krotalen, genug Rosen, sie um uns zu streuen.
Der in die kurzen Glieder hineingeschrumpfte Zwerg selbst
schlenkert die stumpfige Faust über den höhligen Bux,
aber nun brennt in den Lampen, ob angefrischt, der Docht nicht;
überrücks fällt der Tisch mir zu den Füßen dahin.
Ich versuchte mein Glück, im Würfeln die „Venus" zu treffen,
immer sprangen verdammt wieder die „Hunde" hervor.
Sangen sie, war es dem Tauben, entblößten sie sich, nur dem Blinden.
Ach, mein ganzer Sinn stand am lanuvischen Tor!
Aber auf einmal erkrachen in ihren Angeln die Pforten
und ein dumpfes Geräusch schallt im vordersten Haus.
Cynthia stößt im Blick die beiden Flügel der Tür auf,
zwar nicht zierlich gelockt, aber doch schon in der Wut.
Aus der sinkenden Hand fallt mir der Becher herunter,
und die Lippe, vom Wein halb noch erfüllt, erbleicht.
Blitze schleudert ihr Auge, sie rast, wie nur ein Weib rast.
Stünde die Stadt in Brand, wäre der Schrecken nicht so!
Phyllis wirft sie zuerst ins Gesicht die wütenden Nägel,
Teja, von Schrecken betäubt, schreit nach Wasser umher.
Alles Quiritenvolk schrickt auf, als man Lichter herausträgt,

alles treibt sich umher in der unsinnigen Nacht.
Mit zerrauftem Haar, mit zerschlitzten Röcken retten
jene im Dunkel der Nacht sich in die Schenke zunächst.
Cynthia kehrt im Triumph mit ihrer Beute zurück,
ihrer verderblichen Hand blutiges Opfer bin ich.
Meinem Hals versetzt ihr Zahn manch blutiges Denkmal,
schlägt nach den Augen, die wohl dieses am meisten verdienen.
Nun, nach ermüdetem Arm, erblickt sie hinter dem Bett
Lygdamus – bis auf die Haut wird er der Kleider entstreift.
Der fällt nieder aufs Knie, bei meinem Genius fleht er.
Armer Lygdamus! Sieh, selbst ein Gefangener bin ich.
Endlich erhalt ich doch den Vertrag mit flehenden Händen,
wobei die Füße sie kaum ihr zu berühren erlaubt,
und so sprach sie: „Wofern du willst des begangenen Verbrechens
Nachsicht, schreibt mein Gesetz dies zur Befolgung dir vor:
Künftig sollst du nicht mehr dich geputzt im Hain Pompeius'
zeigen, noch auf dem Markt, ist er mit Sand bestreut.
Hüte dich, dass du den Hals schief nach dem oberen Theater
wendest und unterwegs lässt die Sänfte dir ruhen!
Lygdamus aber vor allem, der Stifter alles des Unheils,
werde verkauft! Er schleppe doppelte Schellen am Fuß!"
So ihr Befehl. Und ich, ich will dem Gesetze gehorchen.
Neu bestätigt ihr Reich, lächelt sie stolzer empor.
Jeglichen Ort durchräuchert sie nun, den die Mädchen berührten,
und die Schwellen im Haus wäscht sie mit reinlichem Quell.
Sie erteilt Befehl, die Kleider alle zu wechseln;
Flamme des Schwefels schlägt dreimal sie gegen mein Haupt.
Und nachdem sie die Decken des Bettes alle verändert,
gab uns der Frieden aufs Neue unserer Liebe Genuss.

(Properz 4.8, Übersetzung: K. L. von Knebel)

Ein Sonderfall für dieses Kapitel ist eine der ausführlichsten Beschreibungen einer römischen Orgie im Roman *Satyricon* des Satirikers Petron, aus dem auch das „Festmahl bei Trimalchio" stammt. Im Roman hat es die Göttin Juno auf den Protagonisten Encolpius abgesehen, und sie straft ihn mit Impotenz (als Persiflage auf die *Odyssee*, in der Odysseus von Poseidon geplagt wird). Noch vor der bereits beschriebenen Gelageszene gerät Encolpius, der sich mit zwei Freunden in Kampanien herumtreibt, in die „Fänge" der Quartilla, einer Priesterin des Phallus-Gottes Priapus, und es kommt, wie es kommen muss. Ein Sonderfall für dieses Kapitel ist die folgende Orgienbeschreibung deswegen, weil der Ich-Erzähler interessanterweise immer wieder Hinweise darauf gibt, wie wenig schuld er doch an all den Vorkommnissen ist und dass er sich nach Kräften zu wehren versucht. Dies weist auch darauf hin, dass das Geschilderte zumindest überspitzt ist – immerhin haben wir es hier mit einer Gesellschaftssatire zu tun.

Die Überlieferung des Romans ist denkbar schlecht, und es sind überhaupt nur ein paar größere zusammenhängende Teile und einzelne Fragmente erhalten. Und gerade bei der Orgien-Szene fehlen einzelne Szenen – sicherlich die „deftigeren", denn man muss ja immer bedenken, dass die meisten antiken Texte nur überlebt haben, weil sie im Mittelalter durch christliche Mönche abgeschrieben wurden. Bei den mit ‹...› markierten Auslassungen muss man sich im Folgenden also seinen Teil denken.

Der ganze Raum hallte wider von theatralischem Gelächter, wir wussten indes nicht, wie es zu diesem plötzlichen Stimmungsumschwung gekommen war, und wir schauten einander an, dann die Frauen. ‹...›
„Ich habe angeordnet", sagte Quartilla, „dass heute hier niemand außer euch mehr eingelassen wird, damit ich das Mittel gegen das Dreitagefieber, das ich von euch empfangen werde, ungestört einnehmen kann."
Als sie dies gesagt hatte, schien Askyltos einen Moment lang zu erstarren, und auch ich fühlte, wie mich eine Kälte überzog, kalt wie der Winter in Gallien, und ich war nicht in der Lage, zu sprechen. Aber da meine

Gefährten bei mir waren, hatte ich keine allzu große Angst – handelte es sich doch lediglich um drei zierliche Frauen. Sie wären viel zu schwach, wenn sie uns Leid zufügen wollten, und wir waren echte Männer (und gut gerüstet, wenn es zum Kampf käme). Insgeheim hatte ich die Kontrahenten bereits einander zugeordnet: Wenn es zum entscheidenden Kampf käme, würde ich gegen Quartilla antreten, Askyltos gegen die Dienerin und Giton gegen das Mädchen.

Dann allerdings waren wir so geschockt, dass wir unsere ganze Standhaftigkeit verloren, und der Tod trat uns ohne Zweifel bereits vor die Augen.

„Bitte, Herrin", sagte ich, „wenn du etwas noch Schlimmeres im Sinn hast, mach ein wenig schneller: Denn ein so großes Verbrechen, dass wir unter Folterqualen sterben müssten, haben wir nicht begangen."

Die Dienerin, die Psyche hieß, breitete auf dem Fußboden, nicht faul, eine Decke aus. Sie rieb meine Genitalien, die so kalt waren, als seien sie schon tausend Tode gestorben. Askyltos verbarg seinen Kopf in seinem Umhang, denn er wusste sehr wohl, wie gefährlich es ist, sich in anderer Leute Geheimnisse einzumischen. Indessen löste die Dienerin zwei Bänder von ihrer Brust; mit dem einen fesselte sie unsere Füße, mit dem anderen unsere Hände. ‹...›

Als der Redeschwall vorbei war, sagte Askyltos: „Was denn? Darf ich denn gar nichts trinken?"

Die Dienerin, durch mein Lachen verraten, klatschte in die Hände und sagte: „Ich habe es Euch doch hingestellt. Was denn, junger Mann, habt Ihr so viel von dem Heilmittel getrunken?"

„Tatsächlich?", sprach nun Quartilla, „hat Encolpius das ganze Aphrodisiakum allein ausgetrunken?" Das sprach sie, wiegte die Hüften und lachte anzüglich.

Schließlich konnte sich selbst Giton das Lachen nicht mehr verkneifen, zumal das Mädchen nun an seinem Hals hing und dem Jungen, der sich gar nicht wehrte, unzählige Küsse gab.

Wir wollten um Hilfe rufen, doch keiner war da, der uns helfen konnte; schon kam Psyche, die mir, weil ich meine Mitbürger anrufen wollte, mit einer Haarnadel in die Wangen stach, und dort drüben bedrängte das

Mädchen gerade Askyltos mit einem kleinen Pinsel, den es ins Aphrodisiakum getaucht hatte.
Schließlich kam noch ein Transvestit hinzu, der sich mit einem myrtenfarbenen Kleid herausgeputzt hatte und einen Gürtel umgebunden. ‹...› Bald bedrängte er uns mit verrenkten Hinterbacken, bald besudelte er uns mit übelriechenden Küssen – bis endlich Quartilla, hochgeschürzt und einen Zauberstab aus Walfischknochen in der Hand, ihm befahl, von uns abzulassen. ‹...› Dann mussten wir schwören, dass wir dieses so furchtbare Geheimnis auf ewig zwischen uns bewahren würden.
Nun traten einige Ringer ein, die uns mit Öl übergossen, das unsere Sinne wieder belebte. Als unsere Erschöpfung ein wenig verklungen war, wurden wir ins benachbarte Esszimmer gebracht, wo es drei Liegen gab und die Tafel mit herrlichen Speisen vorbereitet war. Man bat uns, uns hinzulegen, und dann nahmen wir eine vorzügliche Vorspeise zu uns, die wir mit Falerner hinunterspülten. Es folgten noch etliche weitere Gänge.
Wir waren schon drauf und dran, einzuschlafen, als Quartilla sagte: „Was, ihr wollt schlafen? Und das, obwohl ihr genau wisst, dass ihr dem Genius des Gottes Priapus noch eine Nachtwache schuldet?" ‹...›
Am Ende schlief Askyltos unter der Last der Anstrengungen ein; und als er schlief, bemalte ihm die Dienerin, die sich wegen vorhin ungerecht behandelt fühlte, sein Gesicht mit schwarzer Schminke und malte ihm dabei, ohne dass er davon etwas merkte, Penisse auf seine Seiten und seine Schultern. Auch ich war erschöpft und gönnte mir eine Mütze Schlaf. Die ganze Hausgemeinschaft drinnen und draußen tat dasselbe: Einige lagen zu Füßen derjenigen, die sich zum Essen gelegt hatten, einige lehnten an der Wand und dösten an der Türschwelle vor sich hin. ...
Auf einmal trat eine Sklavin mit einer Zimbel ein und weckte alle mit lautem Klang wieder auf. Nun begann das Gelage noch einmal von vorn, und Quartilla wies uns an, weiterzutrinken, und die Sklavin mit der Zimbel half ihr dabei, Fröhlichkeit zu verbreiten.
Da kommt der Transvestit wieder herein, dieser dämliche Kerl (der ganz offensichtlich in jenes Haus passte), er klatscht in die Hände und hebt an zu einem derartigen Lied:

„Nun kommt schnell alle zusammen, geschmückte Tunten,
Streckt die Beine, eilt hierher, lasst die Sohlen fliegen
mit leichtem Schenkel, schnellem Hintern und frecher Hand,
ihr Weichen, ihr Alten, denen der Delier ein Stück abgeschnitten hat."

Als er mit seinen Versen zu Ende war, besabberte er mich mit einem abscheulichen Kuss. Und schon kam er zu mir auf die Liege und hob, obwohl ich mich wehrte, meine Kleider hoch. Lange und immer wieder machte er sich wie ein Mühlrad an meinem Gemächt zu schaffen, doch vergebens. Über die Stirn rann ihm der Schweiß wie der Saft der Akazie, und zwischen seinen Backen, wo er sich mit Kreide geschminkt hatte, sah es aus, als liefe Regen über eine frisch getünchte Wand.

Ich begann zu weinen und war am Ende meiner Kräfte. „Bitte", sprach ich, „Herrin, du hattest doch angeordnet, dass ich ein Betthupferl bekomme!"

Sie klatsche leise in die Hände. „Ach, du schlauer Mensch und ewige Quelle urbaner Gewandtheit! Weißt du etwa nicht, dass man eine Tunte ‚Betthupferl' zu nennen pflegt?"

Ich wollte aber nicht, dass es meinem Gefährten besser erging, daher sagte ich: „Ist denn, bei den Göttern, Askyltos in diesem Speisezimmer der Einzige, der einen freien Tag hat?"

„Nun gut", antwortete Quartilla, „so soll auch auch Askyltos sein Betthupferl bekommen!"

Und so geschah es: Der Transvestit wechselte das Pferd, ging hinüber zu meinem Freund und bedrängte ihn mit seinem Hintern und mit seinen Küssen.

Währenddessen stand Giton dabei und lachte ihn aus. Quartilla sah ihn und wurde misstrauisch; sie fragte, zu wem der Junge gehöre.

Als ich antwortete, er sei mein Bruder, da fragte sie: „Warum hat er mich dann noch nicht geküsst?"

Sie rief ihn zu sich und zog ihn zum Küssen an sich heran. Und schon schlüpfte sie mit der Hand unter seine Tunika und traktierte sein noch unerfahrenes Glied. „Dieser hier", sagte sie, „wird morgen bei der Vorspeise meine Leidenschaft anstacheln; nach dem vorzüglichen Seefisch heute esse ich doch keine billigen Häppchen mehr."

Kaum hatte sie das gesagt, näherte sich Psyche kichernd ihrem Ohr und flüsterte irgendetwas.
„Ganz genau", rief Quartilla, „du hast vollkommen Recht! Warum lassen wir nicht, wo die Gelegenheit gar so gut ist, unsere Pannychis entjungfern?"

(Petron 19 ff.)

Was bleibt heute von den römischen Sexorgien? Vor allem die Tatsache, dass die Vorstellung im modernen Bewusstsein verankert ist, die reichen Römer hätten, vor allem gegen Ende des Römischen Reichs, auf Kosten des einfachen Volkes und der unterjochten Völker in einem immerwährenden Sinnestaumel der Dekadenz gelebt und ständig wild Orgien gefeiert – und dass diese Dekadenz schließlich zum Untergang ihrer Kultur führte. Vor allem in ultrakonservativen US-amerikanischen Kreisen zieht man gerne Parallelen des heutigen „Sittenverfalls" (Pornoindustrie, Homo-Ehe, Atheismus, Geburtenrückgang) zum Imperium Romanum; Fernsehpredigern mit Fönfrisur und ohnehin sehr speziellem Publikum mag man solche Spinnereien noch durchgehen lassen, bei einem Staatsmann wie Vladimir Putin, der Mitte Dezember 2013 dem Westen kollektiv einen solchen Verfall der Sitten vorhielt, wird das schon schwieriger, und bei einem Altertumswissenschaftler wie Victor Davis Hanson ist das geradezu bedauerlich.

Denn all das ist natürlich nicht der Fall. Dass das Römische Reich unterging, war eine strukturelle Notwendigkeit mit zahlreichen bedingenden Faktoren, politischen, strukturellen, aber auch religiösen. Es hatte nichts mit irgendwelchen Orgien zu tun; ausschweifende Feste, Alkoholmissbrauch und Gruppensex gab es in jeder Kultur und zu jeder Zeit – im alten Babylon und in Ägypten, in Griechenland und Rom, im europäischen Mittelalter, in den wilden Zwanzigern wie in der Nazizeit, und natürlich auch heute. Was der Spätantike den Ruf einbrachte, in dieser Hinsicht besonders zügellos zu sein, war nicht etwa die beobachtete Anzahl solcher Orgien, sondern die Tatsache, dass sie dort stattfanden, wo es ganz besondere Bedeutung hatte: am Hof des römischen Kaisers (siehe Kapitel 9). Doch auch vieles von dem, was man Kaisern wie Caligula und Elagabal später andichtete, war maßlos übertrieben. Hier zeigt sich letztlich nur, dass der Mensch, wenn er nahezu unbeschränkte Ressourcen zur Verfügung hat und Keinen hat, der ihm etwas vorschreibt, all seine Bedürfnisse auslebt – und die sind eben von Fall zu Fall unterschiedlich. Genau dies trifft übrigens auf einen italienischen Politiker unserer Zeit zu.

Aber das ist eine Frage persönlicher Vorlieben und sicherlich auch psychologischer Komplexe einiger Weniger, es ist kein gesellschaftliches Problem. Im Gegenteil können wir froh sein, dass wir in einer so freizügigen Gesellschaft leben und für Länder wie Russland nur hoffen, dass sie irgendwann dahinkommen werden. Nicht, dass der westliche Kapitalismus der Weisheit letzter Schluss wäre; aber wenn wir etwas aus der Geschichte, und eben auch diesem Buch, lernen können, dann ist es, dass eine Gesellschaft, die versucht, allzu restriktiv mit menschlichen Bedürfnissen (auch sexueller Art) umzugehen, diese allenfalls in den Untergrund drängen kann (siehe den Bacchuskult, Kapitel 2). Im Falle Roms war es am Ende das Christentum, das wiederum anderen, spirituellen Bedürfnissen besser begegnete als die traditionelle römische Religion, das den Kulten den Garaus machte, auch wenn das Römische Reich nach Einführung des Christentums als Staatsreligion 380 n. Chr. noch mehrere Generationen bestehen blieb.

Ein modernes Negativbeispiel liefert China: Dort gibt es heute noch ein Gesetz gegen „Zügellosigkeit in Gruppen", und im Jahr 2010 kam es zweimal zur Anwendung: Im ersten Fall wurde ein 53-jähriger Hochschullehrer der Universität Nanjing, auf einer dessen Internetplattformen sich Mitglieder zu Gruppensex verabredeten, zu dreieinhalb Jahren Haft verurteilt, mehr als 20 weitere Angeklagte erhielten Bewährungs- und Haftstrafen. Dabei waren alle Teilnehmer erwachsen und alles spielte sich in privaten Räumen ab. Im zweiten Fall wurde ein 17-jähriges Mädchen in Guangzhou verurteilt, weil

> „In vielen Ländern werden heute die Normen von Moral und Sittlichkeit umgekrempelt."
> Vladimir Putin
> im Dezember 2013

sie Sex mit drei Männern gehabt und das Ganze mitgefilmt hatte; ihr Vater behauptete, sie sei vergewaltigt worden, und tatsächlich kamen auch die drei Männer deswegen vor Gericht, aber das änderte nichts am Urteil gegen die 17-Jährige – und auch nichts daran, dass die Presse sich ausschließlich auf sie stürzte. Beide Urteile wurden angefochten, aber der Oberste Gerichtshof ließ durch seinen Berater, einen über 80 Jahre alten Juraprofessor, verkünden, Gruppensex „zerstöre die öffentliche Ordnung". Es wird noch lange dauern, bis man auch dort zur Erkenntnis gelangt, dass das, was die öffentliche Ordnung zerstört, willkürliche Gerichtsurteile aufgrund längst überkommener Moralvorstellungen sind.

VENUS UND HUNDSWURF: GASTSTÄTTEN UND ROTLICHTVIERTEL

FVTVI COPONAM
Ich hab eine in der Kneipe gefickt.

*

SVCCESSVS TEXTOR AMAT COPONIAE ANCILLAM NOMINE HIREDEM QVAE QVIDEM ILLVM NON CVRAT SED ILLE ROGAT COMMISERETVR SCRIBIT RIVALIS VALE
Der Weber Successus liebt die Bedienung aus der Kneipe, die Iris heißt und sich aus ihm nichts macht, aber er bittet sie darum, sich seiner zu erbarmen. Dies schreibt ein Rivale. Leb wohl.

(Graffiti aus Pompeji, CIL 4.8442; 4.8259)

Kneipen

Der gesellschaftlich akzeptierte Rahmen dafür, sich zu betrinken, war die *commissatio*, die in den eigenen vier Wänden (bzw. denen des Gastgebers) stattfand. Doch natürlich wurde auch außerhalb getrunken, und es gab stets genügend Kundschaft für die *cauponae, popinae* und *tabernae* des Römischen Reichs – die Kneipen. Diese drei Begriffe wurden damals (neben ein paar anderen) im Großen und Ganzen synonym verwendet.

In den *cauponae* bot man neben ein paar Kleinigkeiten zu essen vor allem Wein an, in den eher provinziell gelegenen Gegenden daneben auch eine Art Bier (*cervisia*) und gegorenen Honigwein – auf jeden Fall: Alkohol. Die Örtlichkeiten bestanden in der Regel aus einem Schankraum und einem daran angeschlossenen Raum, wo man es sich einigermaßen gemütlich machen konnte, wenn Speisen angeboten wurden, sogar mit Speisesofas. Wenn es sich um eine Herberge handelte, gab es zusätzlich noch ein oder mehrere Gästezimmer.

Die Kneipe war ein Ort, an dem sich Mitglieder der Unterschicht trafen. Bei höhergestellten Römern, Senatoren, Rittern oder Patriziern war ein Kneipenbesuch verpönt – nicht jedoch, der Besitzer eines solchen Etablissements zu sein, das durchaus profitabel sein konnte. Anders war es für diejenigen, die dort ihr Geld verdienten, vor allem für Frauen: Wenn eine Frau in einer *caupona* arbeitete, dann stand sie automatisch im Ruf, sich zu prostituieren; und oft genug traf genau das auch zu – wenn es sich um eine Sklavin handelte, allemal. Der Besuch einer Kneipenprostituierten kostete kaum mehr als ein, zwei Becher Wein, stellte jedoch für den *caupo*, den Wirt, ein willkommenes Zusatzeinkommen ein, so dass es oft ein oder mehrere kleine Hinterzimmer gab, in denen ein Gast mit einem der Mädchen verschwinden konnte.

Der Wirt selbst genoss jedoch ebenso wenig ansehen. Es war ein verbreitetes Vorurteil, dass Schankwirte alle Betrüger seien, die Betrunkene ausnähmen und den Wein zu stark verdünnten. Sicherlich steckte mehr als nur ein Fünkchen Wahrheit darin, und da sich zahlreiche Wirte zugleich als *leno*, als Zuhälter, betätigten, wird es auch hier und da direkte Verbindungen zur Halbwelt und zu kriminellen Vereinigungen gegeben haben, die damals genauso existierten wie zu jeder Zeit. Hinzu kam, dass der Beruf des Schank- und Gastwirts ein typischer Beruf für freigelassene Sklaven war, die an sich schon kein hohes Ansehen genossen und auch nicht die vollen römischen Bürgerrechte. Es gibt jedoch auch Hinweise darauf, dass man in der Zeit der Republik sogar freigeborenen Römern, die sich

Der Dichter Catull lässt keinen Zweifel daran, was er von einer (wahrscheinlich ganz gewöhnlichen) Kneipe und ihren Gästen hält.

Aufgegeilte Taverne und ihr, die ihr da sauft,
neun Pfeiler entfernt vom Tempel von Castor und Pollux:
Ihr glaubt wohl, nur ihr hättet Schwänze,
nur euch sei es erlaubt, alles, was es dort an Mädchen gibt,
zu ficken und die anderen Männer für Ziegenböcke zu halten?
Nur weil ihr da geistlos herumsitzt, zu hundert
oder zweihundert, glaubt ihr, ich werde es nicht wagen,
euch allen zweihundert, die ihr dasitzt, ins Maul zu ficken?
Glaubt es nur: Denn ich werde die ganze
Häuserfront eurer Taverne mit Schwänzen bemalen!
Mein Mädchen nämlich ist von meinem Schoß geflohen,
die ich so sehr liebte, wie keine sonst geliebt wird,
sie, für die ich so schwere Gefechte austragen musste.
Und jetzt sitzt sie da bei euch! Und ihr, ihr Guten und Glücklichen,
ihr liebt sie alle nacheinander, und das, wo ihr doch (wie schändlich!)
allesamt Zwerge, Gassengänger und Ehebrecher seid.

(Catull 37)

als Wirt betätigten, die Bürgerrechte verwehrte oder entzog (in der Kaiserzeit scheint sich das Image der Wirte ein wenig gebessert zu haben).

Allerdings unterschied man im Falle des Wirtes stark danach, in welchem Etablissement er tätig war – *popino* war an sich bereits fast ein Schimpfwort, während der *caupo*, wenn er eine etwas gehobenere Herberge betreute, wie sie teilweise auch vom römischen Staat betrieben wurden, selbst auch ein etwas höheres Ansehen genoss. Das galt jedoch auch in einem solchen Falle nicht für die anderen Angestellten.

*Die Würfel der alten Römer hatten schon die Form, die uns heute von Gesellschaftsspielen geläufig ist. Bereits in Ägypten wurden Würfel aus dem Sprunggelenkknochen (Astragal) von Huftieren hergestellt, und auch in Rom verwendete man noch parallel zu den Würfeln direkt solche Knöchelchen (*tali*) für das Glücksspiel. Diese Würfel befinden sich im Gallo-Römischen Museum im französischen Saint-Romain-en-Gal.*

Würfeln

Wenn es um Kneipen und Spelunken geht, muss man auch ein paar Worte zum Glücksspiel verlieren – vor allem zum Würfeln. Generell war das Würfelspiel, bei dem in der Regel um Geld gespielt wurde, verboten – das gilt überhaupt für alle Glücksspiele, mit Ausnahme der privaten Wetten bei Circusspielen. Wer gegen das Verbot verstieß, dem konnte eine empfindliche Geldstrafe auferlegt werden. Nur an den Saturnalien galt dieses Verbot nicht. Die Realität indes sah (wie so oft) ganz anders aus: Das Würfeln war im ganzen Imperium verbreitet und muss als eine der beliebtesten Freizeitaktivitäten

Heinrich Cornelius Agrippa von Nettesheim war einer der großen deutschen Universalgelehrten des frühen 16. Jahrhunderts. Seine wütenden Worte gegen das Würfeln weisen zahlreiche Punkte auf, die die strengeren Römer dem Würfelspiel in der Antiker bereits zugeschrieben haben könnten – und er spart auch selbst nicht mit antiken Beispielen.

Diese Kunst ist an sich selbst gleichsam eine Bezauberung, und je mehr man sich dieser befleissigt, je leichtfertiger und unglücklicher kann einer werden; indem durch Begierde, des andern Vermögen zu bekommen, man das seinige verlieret. Diese Kunst ist die rechte Mutter der Lügen, Falschschwürigkeit, Diebstahls, Zänkereien und der Totschläge, ja eine Erfindung von den bösen Geistern, welche bei Einnehmung des Reiches Asiae mit der Beute auf allerhand Art zu den Griechen gekommen ist. Dahero die Tesserae, Calculi, Tricolus, Senio, Monarchus, Orbiculi, Taliarchus, Vulpes, Octoedron, Duodecaedron und andere Teufelspossen, darinnen etwas Sonderliches stecken soll, sind an Tag gekommen. Es wird gesagt, dass Attalus Asiaticus diese Kunst erfunden und vor der Kunst zu zählen ausgedacht habe.
Von Römern aber haben wir, dass der Kaiser Claudius, welcher Kunst er auch selbst und vor ihm Kaiser Augustus, und also beide sehr sind ergeben gewesen, ein Buch davon geschrieben habe. Es ist eine Kunst, die ganz unehrlich ist, und bei allen Völkern in ihren Gesetzen verboten. Dahero als Cobilon, ein Lazedämonier, nach Corinth als ein Gesandter, um ein Bündnis mit der Stadt zu schliessen, gereiset, und er gesehen, dass die Vornehmsten in Corinth im Brette gespielt, ist er gleich unverrichteter Sachen wieder umgekehret und gesaget: Er wolle der Spartaner Ehre mit dieser Schande nicht beflecken, dass man nicht sagen könnte, er hätte mit solchen Würfelspielern ein Verbündnis gemacht.

(Heinrich von Nettesheim: Die Eitelkeit und Unsicherheit der Wissenschaften und die Verteidigungsschrift, Bd. 1, München 1913)

Wandbild vom Haus VII, 12, 18 in Pompeji, dem Bordell, über der Tür einer der Kammern, in denen die Prostituierten arbeiteten. Neben den vielen Schankwirtschaften, in denen ebenfalls Prostituierte tätig waren, war dieses lupanar *das einzige Gebäude in Pompeji, das ausschließlich sexuelle Dienstleistungen anbot. Es ist zudem das einzige zweifelsfrei als Bordell identifizierte Gebäude des Altertums. Neapel, Museo Archeologico Nazionale, Inv. Nr. 27741.*

der Römer angesehen werden. Sogar für mehrere Kaiser wie Nero, Claudius und sogar den sonst so strengen Augustus ist bezeugt, dass sie allzu gerne gegen das Würfelverbot verstießen; Claudius verfasste sogar eine Schrift über die Kunst des Würfelns.

Es gab verschiedene Arten von Würfeln, von „Knöchelchen" (*tali*) bis hin zu sechsseitigen Würfeln, die den unseren gleichen (*aleae*). Geworfen wurden zumeist vier Würfel zugleich, auch einen Würfelbecher gab es dazu. Die höchste Punktzahl war der „Venuswurf" (vier unterschiedliche Augenwerte), der schlechteste der „Hundswurf" (vier Einser). Daher liest man beim Elegiker Properz: „Beim Würfeln, da suchte ich die glückverheißende Venus, doch immer sprangen nur die verwünschten Hunde hervor" (4.8.45 f.).

Prostitution

> Als zwei Männer morgens zu Phyllis gingen, um sie zu ficken,
> und jeder sie als Erster nehmen wollte, sobald sie nackt sei,
> versprach sie, sich beiden zugleich hinzugeben. Und das
> tat sie: Der eine hob ihr die Füße hoch, der andere die Tunika.
>
> (Martial 10.81)

Von der Prostitution war schon mehrfach in diesem Band die Rede, und wie in beinahe jeder Gesellschaft existierte sie nicht nur als feste gesellschaftliche Institution, sondern wies auch diverse Ausprägungen auf, je nachdem, wo sie stattfand, wer sich anbot und wer die Kunden waren, wobei das Gros der Prostituierten der niedrigpreisigen Kneipen- und Bordellprostitution zuzurechnen war. In aller Regel waren die Frauen und jungen Männer bzw. z. T. sogar Jugendliche, die der Prostitution nachgingen, Sklaven. Es muss jedoch auch freie Römerinnen gegeben haben, die anschaffen gingen, sonst würde ein Verbot unter Kaiser Augustus, das ausdrücklich die Ehe zwischen Prostituierten und römischen Bürgern verbot, keinen Sinn ergeben (eine Sklavin konnte man als freier Bürger nicht heiraten). Sicherlich gab es Frauen, die diesen Broterwerb einer der traditionellen Erwerbstätigkeiten römischer Frauen vorzogen.

Das Rotlichtviertel Roms war die Subura, im Tal zwischen dem Südhang des Viminal und dem westlichen Ende des Esquilin gelegen. Charakteristisch für dieses Viertel waren die engen Gassen, die trotzdem so voll waren, dass sich die Passanten gegenseitig auf die Füße traten; zusätzlich wurde der Verkehr von Handwerkern behindert, die auf der Straße ihre Ware ausstellten oder arbeiteten – und obendrein fand dort ein großer Teil der römischen Straßenprostitution statt. Die *meretrices* lockten dabei leicht bekleidet oder komplett nackt Freier an und priesen lautstark ihre körperlichen Vorzüge an oder welche Praktiken sie anboten.

Cicero über die römische Prostitution

Als strikter Anhänger des *mos maiorum* („Sitte der Vorfahren") war der Staatsmann und Philosoph Cicero (106–43 v. Chr.) moralisch über jeden Zweifel erhaben. Dennoch musste auch er, als es einmal um die Prostitution ging, anerkennen, dass schon frühere Generationen sie als gesellschaftliche Notwendigkeit anerkannt hatten.

Wer glaubt, man sollte es jungen Männern verbieten, Prostituierte zu besuchen, muss als tugendhaft gelten (das kann ich nicht leugnen). Aber er würde weder der Freizügigkeit unserer heutigen Zeit gerecht noch den Sitten unserer Vorfahren und dem, was sie der Jugend zugestanden. Denn wann gab es schon einmal eine Zeit, als man dies nicht tat? Als man dies für anstößig hielt? Als man es nicht erlaubte?

(Cicero, Cael. 48)

Die Prostitution war fast ausnahmslos ein Phänomen der Halbwelt. Das griechische Phänomen der gebildeten Hetäre, die von reichen Athenern zum Symposion gemietet wurde und die neben Sex auch intelligente Konversation bot, war in Rom bei Weitem nicht so ausgeprägt – das lag vor allem daran, dass die Frauen in Rom eine bessere Ausbildung erhielten und weitaus mehr als in Griechenland am sozialen Leben ihrer Ehemänner teilnahmen.

Eine der wichtigsten visuellen Quellen der römischen Prostitution sind die Wandmalereien in Pompeji, von denen viele unter der Ascheschicht des Vulkanausbruchs 79 n. Chr. bis heute erhalten geblieben sind. Natürlich fanden sie sich im „*lupanar* des Africanus" in Pompeji, aber auch an eigentlich eher neutralen Orten wie den Thermen – eventuell als Reklamebilder für ein bestehendes Bordell. Auch dies zeigt wieder die Akzeptanz der Prostitution als gesellschaftliche Notwendigkeit.

Das pompejanische *lupanar* („Bordell", von ugs. *lupa* = „Hure") verfügte über 10 Zimmerchen auf zwei Stockwerken und eine Toilette. Es ist das einzige zweifelsfrei als solches identifizierte Bordell des Altertums. Zahlreiche andere Gebäude, z. B. auf Santorini und im türkischen Side, gelten oder galten landläufig ebenfalls als Bordelle, hauptsächlich aufgrund von Phallus-Darstellungen. Wie falsch man damit liegen kann, zeigt sich ebenfalls in Pompeji: Das Haus, neben dessen Tür ein großer Phallus mit der Beschriftung „HIC HABITAT FELICITAS" („Hier wohnt das Glück") prangt, entpuppte sich nämlich als Bäckerei (!) – der Phallus diente hier einfach nur als eine Art Talisman. Der Fruchtbarkeitsgott Priapus mit seinem erigierten Riesenpenis war ja ebenfalls ein Glücksbringer. Und wer weiß: Vielleicht war das Bäckereischild auch Werbung für ein besonderes Gebäck in Phallus-Form?

Unter den expliziten pompejanischen Wandmalereien finden sich einige, die mehrere Personen beim Gruppensex zeigen, was darauf hindeuten könnte, dass ein gemeinsamer Bordellbesuch zum regulären Freizeitvergnügen gehörte – und das sicherlich nicht nur in Pompeji. Dennoch versprachen diese Bilder mehr, als das pompejanische Bordell zu halten vermochte: Der archäologischen Befund zeigt kleine Zimmer mit einer gemauerten Liege darin – Platz für andere Möbel war kaum. Das war weit entfernt von den aufwendigen Polstermöbeln auf den Wandbildern, passt aber dazu, dass die Dienstleistung an sich – wohl vor allem aufgrund des großen Angebots – sehr günstig war und zumeist etwa ein Achtel bis ein Viertel des Tageslohns eines gewöhnlichen Arbeiters betrug.

Auch Martial weiß von einer Frau zu berichten, die käuflichen Sex bevorzugt.

Lesbia schwört, dass sie noch nie gratis gefickt wurde.
Und das stimmt: Immer wenn sie gefickt werden will, zahlt sie dafür.

(Martial 11.62)

Über die Preise sind wir durch die zahlreichen Graffiti informiert, die sich in Pompeji genauso erhalten haben wie die Wandbilder. Darunter befinden sich übrigens auch mehrere explizite Hinweise auf Männer, die ihre Dienste Frauen anboten, z. B.: „Maritimus leckt dir die Möse für 4 Asse, Jungfrauen willkommen“ (CIL 4.8940). Manch einer konnte sich sogar die paar Kupferstücke sparen: „Marcus Pollius Pudens fickt hier gratis“, heißt es auf einem anderen Graffito, „wenn er es mit Gamella treiben will“ (CIL IV, 10194a). Und ein Gast hat in der Wand im Bordell eine Kritzelei hinterlassen, die beweist, dass dort auch Gefahren lauerten: „Ich habe Tripper“ (CIL 4.8918).

ABER, ABER, HERR KAISER: DEKADENZ BEI HOFE

Wer wüßte nicht, daß es die alten Römer ganz schön toll getrieben haben. Aber da gab es zwei – den perversen CALIGULA und die nymphomane MESSALINA –, die durch ihre Dekadenz den Untergang des Römischen Reiches besiegelten. Diese beiden Gestalten der Weltgeschichte lassen wahrhaftig nichts aus, wenn es um Perversion, Leidenschaft und Wollust geht.

(aus dem Werbeheft für den Film *Caligola e Messalina*, 1981)

Mit der antiken Geschichtsschreibung ist es so eine Sache. Zwar besitzen wir für die römische Geschichte viele zeitgenössische historiografische Zeugnisse, aber die historische Genauigkeit lässt meist zu wünschen übrig. Die Historiografie war in der Antike alles andere als eine Wissenschaft – anstatt ein kritisches Quellenstudium zu betreiben, verließen sich Schriftsteller wie Livius, Sueton oder Tacitus hauptsächlich auf mündliche Überlieferung, auf Gerüchte, Spekulationen und Hörensagen, die manchmal auch als solche gekennzeichnet sind, aber eben nicht immer.

Gerade bei Kaisern wird dies problematisch, die schon zu Lebzeiten – aus welchen Gründen auch immer – in Ungnade fielen, sei es beim Volk, bei den Senatoren, bei ihrer Familie oder bei ihrem Nachfolger. Eine objektive Berichterstattung ist hier nahezu ausgeschlossen. Wie unbeliebt manche römischen Kaiser waren, lässt sich schon daran ermessen, dass viele von ihrer eigenen Leibwache umgebracht wurden. Mitunter fielen römische Kaiser sogar der *damnatio memoriae* anheim – der planmäßigen Löschung aller Andenken an den Potentaten. Für die damaligen Historiker bedeutete dies oftmals, dass sie in ihren Schriften möglichst kein gutes Haar an solchen Kaisern lassen durften, zumal wenn sie im Auftrag des Amtsnachfolgers schrieben oder der Potentat in der Öffentlichkeit besonders schlecht angesehen war. Selbstverständlich führte dies allzu oft dazu, dass Ereignisse und Verhaltensweisen frei erfunden wurden. Die folgenden Schilderungen sind deshalb größtenteils mit Vorsicht zu genießen; selbst Kaiser, die jahrhundertelang als Inkarnation des Bösen galten, wie Nero oder Caligula, werden inzwischen von der Forschung wesentlich differenzierter betrachtet als noch Ende des 20. Jahrhunderts. Viel zu lange hat man den antiken Schilderungen vorbehaltlos Glauben geschenkt. Doch dürften allzu viele Historiker zu den Schlafgemächern der Imperatoren keinen Zutritt gehabt haben, dennoch geben sie sich, als wüssten sie ganz genau, welche Gelage und Orgien dort stattgefunden hatten – und genau da sind wir auch schon beim Thema.

Die Skandale der Julia

Julia war die Tochter des ersten römischen Kaisers, Augustus. Gegen ihren Willen verheiratete ihr Vater sie an Tiberius, seinen späteren Nachfolger. Über kurz oder lang zerstritten sich nicht nur die beiden, sondern auch Tiberius und Augustus; Julias Mann verließ Rom für mehrere Jahre, und Julia suchte ihr Liebesglück außerhalb der Ehe, die ohnehin nur noch auf dem Papier bestand – und eigentlich nur, weil ihr konservativer Vater beiden verbot, sich zu trennen. Doch dass sich die Kaisertochter außerhalb der Ehe orientierte, und das, wo ihr Vater höchstpersönlich dafür gesorgt hatte, dass Ehebruch seit Kurzem per Gesetz (die *lex Iulia de adulteriis*) unter Strafe gestellt war, das war ein echter Skandal.

Julia war eine bekannte Frau, und es blieb niemandem verborgen, dass sie den elterlichen Palast immer wieder verließ, um sich mit

Freunden zu treffen. Und schon bald machten Gerüchte die Runde, Julia sei nicht nur eine Ehebrecherin, sondern eine Nymphomanin, die wilde Orgien feierte. Man wollte sogar beobachtet haben, wie sie es mitten in der Nacht auf der Rednertribüne auf dem Forum Romanum trieb. Des Weiteren erzählte man, sie habe der Statue des Satyrs Marsyas – eine Art Symbol der Freiheit des römischen Volkes, ebenfalls auf dem Forum – eine Krone aufgesetzt.

Man muss dabei immer bedenken, dass unter Augustus die Republik nominell weiterbestand, die bisherigen legislativen Funktionen, Senat und Volksversammlung, jedoch de facto ausgehebelt waren zugunsten des Princeps, der alle Macht in sich vereinte. Und Zeit seines Lebens sah sich Augustus deshalb mehr oder weniger öffentlicher Kritik und Widerstand ausgesetzt. Nun ist das Krönen einer Statue nicht zwangsläufig ein staatszersetzender Akt, doch er lässt sich natürlich als solcher interpretieren. War Julia also zusätzlich zu ihren (wahrscheinlichen) Affären und den (unwahrscheinlichen) öffentlichen Sexorgien in einen politischen Skandal verstrickt? Plante sie mit ihren Freunden ein Attentat?

Wir wissen nicht genau, was der Grund war, doch eines ist bekannt: 2 n. Chr. verbannte Augustus seine Tochter auf die einsame Insel Pandateria im Tyrrhenischen Meer. Ein paar Jahre später wurden der Dichter Ovid und Augustus' Enkelin Julia ebenfalls verbannt – und auch über diesen Anlass wissen wir nichts Genaues. Doch da man auch bei diesen beiden annimmt, dass sie entweder in einen Sexskandal verwickelt waren (das mag z. B. bei Ovid auch nur bedeuten, dass ein paar seiner Gedichte Augustus zu freizügig waren) oder in einen politischen Skandal. Und vielleicht ist beides auch gar nicht so weit voneinander entfernt: Jeder Widerstand gegen Augustus war nicht nur ein Kampf für die alte Republik und gegen die Willkür eines Despoten, sondern auch für die Freiheiten, die die Römer besaßen, bevor sich der Princeps auf so drastische Weise in das Privatleben der Menschen einmischte.

Sueton nimmt als Grund für Julias Verbannung ihre außerehelichen Verhältnisse an.

Tiberius erfuhr, dass seine Ehefrau Julia aufgrund ihrer Liebschaften und eines Ehebruchs verbannt worden war und dass Augustus ihr kraft seiner Autorität in Tiberius' Namen die Scheidungspapiere hatte zustellen lassen – so willkommen ihm diese Nachricht auch war, so hielt er es dennoch für seine Pflicht, alles dafür zu tun, dass sich Vater und Tochter versöhnen, mit zahlreichen Briefen.

(Sueton, Tib. 11)

Seneca schrieb später zu den Verbannungen: „Nichts davon wäre mir passiert, wenn Agrippa oder Maecenas noch am Leben gewesen wären." In der Tat: Vor allem der Offizier Agrippa, lange Zeit Augustus' rechte Hand, fehlte als besonnener Berater des Princeps, der sich immer mehr in die Idee verrannte, sich als der letzte Hüter der altrömischen Moral aufspielen zu müssen.

Tiberius: nachträglicher Rufmord?

Augustus' Amtsnachfolger Tiberius war schon zu Lebzeiten wenig beliebt; in den letzten Jahren seiner Herrschaft ließ er hunderte Römer unter fadenscheinigen Anschuldigungen hinrichten, und als er starb, versagte man ihm die Vergöttlichung. Im Urteil der Nachwelt fand er dementsprechend wenig Gnade. Die Jahre vor seinem Tod verbrachte Tiberius auf der Insel Capri, wo man noch heute oben auf der höchsten Klippe die Überreste seiner Villa erkunden kann. Natürlich machten in Rom bald wilde Gerüchte die Runde, wie wild der verhasste Herrscher es dort trieb, und mit der Zeit erfuhr die Öffentlichkeit immer mehr Details – oder reimte sich die spärlichen Informationen zu Geschichten zusammen. Denn das war ja genau der

Die Villa Jovis war eine luxuriöse Palastanlage mit 7 000 m² Grundfläche. Sie lag auf der höchsten Klippe im Norden der Insel Capri, 300 Meter über dem Golf von Venedig. Modernen Rekonstruktionen zufolge war der Palast, der sich über den heute noch erhaltenen Grundmauern erhob, sechs oder sogar sieben Stockwerke hoch. Hier verbrachte Kaiser Tiberius ab 27 n. Chr. den Großteil des Jahres.

Punkt für Tiberius: Die Villa Jovis war so abgeschieden und unzugänglich, dass er dort buchstäblich machen konnte, was er wollte, ohne sich auf dem Präsentierteller der römischen Öffentlichkeit zu wissen.

Entsprechend wenig wird an die Öffentlichkeit gelangt sein, und die detaillierten Schilderungen, die wir bei den Historikern finden, sind mit größter Sicherheit hauptsächlich der Phantasie der Schriftsteller entsprungen, die hier und da etwas gehört hatten, das zuvor von hunderten Mündern zu tausenden Ohren gedrungen war, was wiederum den Wahrheitsgehalt schmälert. Solche Schilderungen sollten vor allem dazu dienen, Tiberius in ein möglichst schlechtes Licht zu rücken. Das mag uns heute erstaunen, denn das, was wir gesichert über ihn wissen, charakterisiert ihn bereits äußerst negativ. Doch sexuelle Depravation funktioniert eben immer und wird auch denjenigen, der nichts von Politik versteht oder wissen will, davon überzeugen, dass dieser Mann einfach ein schlechter Mensch war.

Sueton weiß über Tiberius' Orgien auf Capri Erstaunliches (und erstaunlich Detailliertes) zu berichten.

Im Ruhestand auf Capri ließ er sich Lustzimmer einrichten, für seine geheimen Orgien, bei denen ausgewählte Mädchen von überallher und Horden von Knaben, die die ausgefallensten Sexpraktiken kannten und die er *spintriae* nannte, es in Dreiergruppen vor seinen Augen trieben, damit er, den schon die Potenz verließ, auf diese Weise seine Leidenschaft entfachen konnte. Die Schlafzimmer waren mit anzüglichen Bildern und Skulpturen ausgestattet, und es gab Bibliotheken mit den Werken der Elephantis, damit keinem die Vorlage für eine bestimmte Stellung fehlte. In den Wäldern und Hainen Capris ließ er eine Reihe Liebeswinkel einrichten, wo vor Höhlen Jungen und Mädchen Besucher zum Sex einluden, die sich als Nymphen und Faune verkleidet hatten – diese Orte nannten die Leute „Bocksgärten", ein Wortspiel mit dem Namen der Insel. Aber er war für noch schlimmere Dinge bekannt, die man kaum aussprechen, geschweige denn glauben kann – so brachte er ganz jungen Knaben, die er seine „Fischlein" nannte, bei, wenn er schwimmen ging, zwischen seine Schenkel zu tauchen und ihn mit Zunge und Zähnen zu necken.

(Sueton, Tib. 43 f.)

Inbegriff des Lasters: Caligula

Er war der erste junge Mann auf dem römischen Thron: Caligula war erst 24 Jahre alt, als er 37 n. Chr. Tiberius nachfolgte. Er zählte damit nach Römischem Recht eigentlich noch zu den *puberes minores* und war „geschützt geschäftsfähig". Wieso sich Caligulas Persönlichkeit so entwickelte, wie sie es tat, kann man nur aus Indizien schließen. Dazu gehört sicherlich, dass er schon als Kind im Mittelpunkt der Aufmerksamkeit stand, als sein Vater Germanicus, ein äußerst populärer Heerführer, ihn sozusagen als Maskottchen der Armee mit auf Feldzüge nahm und in viel zu großer Soldatenkleidung im Lager paradieren ließ (daher stammte auch sein Spitzname: *caligula* heißt „Stiefelchen"). Dass er bereits in so jungen Jahren im Mittelpunkt stand, muss Caligula geprägt haben – und doch sicherlich nicht so, wie es zahllose Historiker und Forscher der Vergangenheit glaubten, die in Caligula vor allem einen Irren sahen (oder sehen wollten), ein herausragendes Beispiel für das Phänomen des Cäsarenwahns.

Nachdem Kaiser Tiberius allem Anschein nach Caligulas Vater aus Eifersucht hatte umbringen lassen (und Caligulas ältere Brüder gleich mit), war der junge Mann, der von Augustus' Witwe Livia beschützt wurde, der letzte überlebende Erbe des Throns, als Tiberius starb. Zunächst war der neue Kaiser beim Volk sehr beliebt. Er veranstaltete Spiele, ließ das Volk verköstigen und verschenkte Geld – von bis zu 700 Millionen Sesterzen ist die Rede. Außerdem ging er auf Distanz zum unbeliebten Tiberius, indem er öffentlich dessen Geheimdokumente, vor denen sich mancher Römer schon lange fürchtete, verbrennen ließ. So zog Caligula die Plebs wie auch die Oberschicht auf seine Seite. Allerdings nicht lange.

Denn schon bald nach seiner Inthronisierung erlitt Caligula einen heftigen Nervenzusammenbruch, und als er wieder gesund war, mag er erkannt haben, dass das Reich während seiner krankheitsbedingten Abwesenheit ohne ihn genauso funktionierte wie mit ihm. Diese Erkenntnis könnte es gewesen sein, die ihn dazu brachte, den entscheidenden Schritt zu unternehmen, der ihn in den Augen der Öffentlichkeit schließlich zu einem Monster machen sollte.

Die Rede ist von seiner Haltung gegenüber dem Senat. Auch wenn der römische Senat seit der Einführung des Prinzipats unter Augustus einen Großteil seiner republikanischen Macht eingebüßt hatte, so wurde die römische Politik doch immer noch offiziell von zwei Konsuln geleitet (und das blieb so bis zum Ende des Römischen Reichs). Caligula änderte dies: Er unterstellte den Senat offiziell dem Kaiser – und zog damit den Hass des gesamten Senatorenstandes auf sich. Und genau das war (in mehrerlei Hinsicht) sein Todesurteil: Die Senatoren sorgten dafür, dass sein Ansehen in den Schmutz gezogen wurde. Es ist dieser Kontext, in den man die Geschichten über zügellose Gewalt, wilde Sexorgien und unglaubliche Extravaganzen einordnen muss.

> In seiner rücksichtslosen Verschwendung übertraf er an Einfallsreichtum alle Verschwender aller Zeiten. Er erfand eine neue Art von Bädern und unnatürliche Sorten von Lebensmitteln und Gelagen: Er badete in heißen oder kalten Duftölen, trank sündhaft teure in Essig aufgelöste Perlen, und seinen Gästen servierte er in Blattgold gehüllte Brotlaube und Fleischstücke und erklärte, ein Mann müsse entweder sparsam oder Kaiser sein. ... Um keine Einnahmequelle unversucht lassen, eröffnete er ein Bordell in seinem Palast und stellte dafür eine Reihe Räume und Einrichtungsgegenstände bereit, die der Pracht des übrigen Palasts angemessen waren; dort sollten sich Matronen und freigeborene Jungen und Mädchen postieren. Dann schickte er seine Ausrufer auf die Foren und in die Basiliken, um junge und alte Männer dazu einzuladen, dort Sex zu haben.
>
> (Sueton, Cal. 37 ff.)

Im Falle von Caligula sind die Schilderungen seiner Dekadenz und verabscheuungswürdigen Taten tatsächlich relativ gut erklärbar: Einiges deutet darauf hin, wenn er wirklich so dekadente Speisen verzehrte, wie Sueton es beschreibt, dass er damit der in seinen Augen verkommenen römischen Aristokratie den Spiegel vorhalten wollte; und statt des Bordells könnte er die Senatorenfamilien auf dem Palatin einquartiert haben, um Geiseln in Reichweite zu haben, falls es in der Konfrontation mit dem Senat hart auf hart ginge. Bis in unsere Zeit hielt sich hartnäckig das Gerücht, Caligula habe sein Lieblingspferd zum Senator ernannt – es sieht ganz so aus, als sei auch dies frei erfunden; doch selbst wenn es das nicht ist, war es doch ganz deutlich eher ein berechnender Affront gegen den verhassten Senat als die wirre Idee eines Verrückten. Auch seine vielen Gräueltaten wie die sinnlos wirkenden Massenhinrichtungen sind in diesen Kontext einzuordnen. In jedem Fall wirkte die Propaganda der Sena-

Caligula in der Popkultur

Kaum ein römischer Herrscher findet sich so oft in unserer modernen Popkultur wieder wie der berühmt-berüchtigte Caligula, auch wenn die meisten Menschen nicht einmal wissen, wann er gelebt habt. *„What she asked of me at the end of the day, Caligula would have blushed"*, singt Morrissey in einem Song der *Smiths*, und eine australischen Alternative-Rock-Band hat sich kurzerhand *Caligula's Horse* genannt. „Judge Cal" ist eine Figur aus der Comicserie *Judge Dredd*, die sich an Caligula anlehnt, und zwar in der Verkörperung durch John Hurt in der berühmten BBC-Serie *I, Claudius* (1976). Wo wir schon beim Fernsehen sind: In TV-Filmen der 60er Jahre wurde Caligula von Klausjürgen Wussow und von Horst Frank dargestellt. In einer Folge der US-Comedy-Sendung *Saturday Night Live* wurde der Kaiser 2013 von Justin Timberlake parodiert, und die von Jack Gleeson dargestellte Figur des grausamen Joffrey Baratheon aus *Game of Thrones* (seit 2011) ist an die Caligula-Überlieferung angelehnt.

Der berühmteste (bzw. berüchtigtste) Fall von Caligula-Rezeption ist jedoch Tinto Brass' Skandalfilm *Caligula* (1979) mit Malcolm McDowell und Helen Mirren, der sich tatsächlich in Teilen an die (zweifelhafte) Überlieferung hält. Daneben gibt es auch eine ganze Menge B- (und C) Movies, die sich Anfang der 80erJahre an den Erfolg von *Caligula* anhängen wollten, darunter Machwerke wie *L'Ultima Orgia del III Reich*, der in den USA allen Ernstes unter dem Titel *Caligula reincarnated as Hitler* vermarktet wurde – von der SM-Pornoserie *Caligula 2000* ganz zu schweigen.

toren – und zwar so sehr, dass Caligula schließlich mit erst 28 Jahren von seiner eigenen Leibgarde umgebracht wurde.

Das Caligula-Bild ist heute noch so negativ wie zu seinen Lebzeiten. Nichts ist schwieriger, als einen Mann neu zu bewerten, der zwei Jahrtausende lang als wahnsinniger Sadist und Perverser gegolten hat. *„Freddy Krueger in a toga"* nennt den Kaiser eine britisch-kanadische Dokumentation aus dem Jahre 2009, die sich komplett unkritisch auf die römischen Historiker stützt. Ebenso bezeichnend ist es, dass es 2002 eine exklusive Swinger-Veranstaltung in die New Yorker Presse schaffte, die sich *„Caligula's Ball"* nannte und bei der sich geladene Gäste im römischen Dresscode auf „Spielwiesen" tummelten.

Claudius und Messalina

Die dritte Ehefrau von Kaisers Claudius (reg. 41–54 n. Chr.), Valeria Messalina, hielt zu Lebzeiten die römische Öffentlichkeit in Atem. Die Frau des sein Leben lang schwächlich-kränklichen Kaisers war 30 Jahre jünger als er, und sie scheint lange Zeit gehofft zu haben, ihre Ehe werde nicht allzu lange dauern. Vorsichtshalber ließ sie alle Thronanwärter nach und nach beseitigen, um sicherzugehen, dass ihr Sohn Britannicus nach dem Tod seines Vaters den Thron besteigen würde. Doch die antiken Schriftsteller schildern Messalina nicht nur als rücksichtslose Egoistin, sondern auch als vergnügungssüchtige Nymphomanin, die sich in Bordelle einschlich, um es mit Fremden zu treiben.

Messalina war bekannt dafür, dass sie rauschende Feste gab, und es gibt mehrere Hinweise darauf, dass diese zu regelrechten Sexorgien ausarteten, auch wenn, wie meistens in diesem Kapitel, die Echtheit dieser Hinweise bezweifelt werden muss. Was Messalinas Schicksal schließlich besiegelte, war ihr Plan, ihren Liebhaber Gaius Silius zu heiraten – den Exmann der Schwester der ersten Frau von

Die folgende Szene aus einer Satire des Juvenal schildert eine gängige Klatschgeschichte über die Kaiserin. Heute würde man dies als Fall für den Psychiater bezeichnen.

Höre, was Claudius ertragen musste. Sobald seine Frau merkte,
dass ihr Mann eingeschlafen war, war diese erhabene Hure so schamlos,
dass sie eine gewöhnliche Matte dem Bett im Kaiserpalast vorzog
und, nur eine Magd als Begleitung, das Haus mit der Nachtmütze auf dem Kopf
verließ. Ihr schwarzes Haar unter einer blonden Perücke verborgen,
betrat sie ein Bordell, das nach abgenutzten warmen Decken roch,
und bezog ein Zimmer, das man für sie freihielt; dort bot sie sich mit nackter
Brust und golden bemalten Brustwarzen an, unter dem Namen Lycisca,
und zeigte den Bauch, der dich, edler Britannicus, einst trug.
Zärtlich empfing sie die Eintretenden und forderte von jedem ihren Lohn
Und wenn der Besitzer des Hauses die Mädchen heimschickte,
ging sie, ganz traurig, nachdem sie geblieben war, bis er die allerletzte Zelle
abschloss, und noch immer brannte in ihrer Vulva das Verlangen.
So kehrte sie, erschöpft von den Männern, doch immer noch nicht befriedigt,
heim, mit schmutzigen Wangen und vom Rauch der Lampen verrußt,
und brachte den Gestank des Bordells mit in die kaiserlichen Kissen.

(Juvenal 6.115 ff.)

Kaiser Caligula, der sich dazu (anders als sie) scheiden ließ. Zugleich planten sie wahrscheinlich, Claudius aus dem Weg zu räumen; doch das Komplott flog auf, und Claudius ließ sie beide hinrichten. Messalina wurde etwa 30 Jahre alt.

Messalina war und blieb ein Synonym für Habgier, Berechnung, Skrupellosigkeit und Freizügigkeit – bis heute. So versprach im Jahr 1977 der Trailer zu Bruno Corbuccis Film *Messalina – Kaiserin und Hure* (auch als *Caligula II* vermarktet) den Kinogängern vollmundig: „Als Gemahlin des Kaisers von Rom missbrauchte sie ihre Stellung im

„Der einzige lebendgebärende Zweibeiner ist der Mensch", beginnt Plinius d. Ä. seine Betrachtung der menschlichen Sexualität in Abgrenzung zu derjenigen im Tierreich. Und mitten in seiner naturwissenschaftlichen Abhandlung kommt er auf einmal auf Messalina zu sprechen.

Die anderen Tiere haben an einem gewissen Punkt genug vom Geschlechtsverkehr – der Mensch so gut wie nie. Messalina, die Frau des Kaisers Claudius, hielt es wohl einer Kaiserin für würdig, eine der berüchtigtsten Frauen überhaupt, die den Beruf der bezahlten Prostituierte ausüben, zum einem Wettkampf herauszufordern; und die Kaiserin siegte, nach einer Nacht und einem Tag andauerndem Sex, mit ihrem fünfundzwanzigsten Liebhaber.

(Plinius d. Ä., nat. 10.87)

Staat. Sie war unersättlich in ihrer Gier nach Geld, Macht und Männern." Und er fährt fort: „Messalinas Perversionen gingen so weit, dass die Senatoren und das römische Volk sie die ‚größte Hure des Imperiums' nannten. Unter ihrem Einfluss versank ganz Rom in Laster und Dekadenz." Dabei war sie vielleicht einfach nur eine starke Frau.

Selbstverständlich fand sich Valeria Messalina auch als Figur in zahlreichen historischen Romanen wieder – zur Protagonistin brachte sie es jedoch nur selten, zum Beispiel in *Messalina* vom Schriftsteller und Regisseur Alfred Schirokauer.

Es war Oktober. Rom und Italien fieberte[n] im Taumel der Bacchanalien. Erntezeit! Liber und Liberia, die göttlichen Beschützer der Traube und des Ackerbaues, der Fruchtbarkeit und der Ehe, feierten ihr rauschendes, berauschendes Fest.

Durch alle Gassen Roms zogen die von jungem Most trunkenen Scharen, jubelte der Gesang der Zecher. Durch alle Gassen schweiften junge

Priesterinnen der Gefeierten, die Stirn von Efeu umkränzt, und boten Mehlkuchen, Öl und Honig feil, als Opfergaben für Liber, den Sorgenlöser. Über die Altäre floß in Strömen der Most und der Wein und über die Füße des Gottes der Weinlese.
Liber liberator, der Befreier, löste die Zungen und die Glieder. Es jauchzte und jubelte und tanzte durch Rom und Italien. Frei wurde die Tat in dieser unbekümmerten Zeit der Bacchanalien. In allen Torwinkeln wurde geküßt. Aus allen verschwiegenen Ecken klang das Flüstern der Liebenden, das vergehende Stöhnen und Röcheln des Gebens und Empfangens.
Im Garten des Palatiums feierten inmitten des allgemeinen bacchantischen Schwelgens Messalina und Silius das Fest des Liber und ihrer Hochzeit. Bacchus regierte. Die Weinpresse knarrte, der Most strömte. Nach uralter Sitte tanzten um die Kaiserin Mädchen und Frauen, die Blöße kaum bedeckt von Leopardenfellen. Messalina selbst, die Oberpriesterin der heiligen Orgien, [war] schöner als je im belebenden Hauche ihres Glückes, die schönste Frau Roms an der Seite des schönsten Mannes.
Sie führten den gottesdienstlichen Reigen an auf hohem Kothurne; sie schwang das Tamburin, er führte den Tyrsusstab, während hinter ihnen der mänadische Zug der Tänzer und Tänzerinnen folgte unter Zimbelschlag, ekstatischem Gesang und gellem Evohe-Geschrei.

(Alfred Schirokauer: Messalina, Berlin 1927)

Kaiserliche Tafelfreuden

Zur kaiserlichen Dekadenz gehörten auch andere Sinnesfreuden, namentlich große Bankette für Günstlinge, befreundete Familien, Senatoren oder ausländische Gäste. Zur Zeit der späten Republik ließ sich Caesar noch durch den Prunk am Hofe Kleopatras beeindrucken, als sie ihn beispielsweise auf ihrem Kreuzfahrtschiff auf dem Nil bewirtete. Manche spätere römische Kaiser standen ihr da kaum nach. So ließ Nero (der einmal eine Million Sesterzen für eine besonders fein gearbeitete Weinschale aus Porzellan bezahlt haben soll) in der *domus aurea* einen drehbaren Speisesaal einrichten, dessen Überreste erst vor wenigen Jahren von französischen Archäologen identifiziert wurden: Eine mit Wasserdruck betriebene Hydraulik setzte zum Staunen der Gäste den ganzen Saal in Bewegung. Des Weiteren berichtet Plutarch über Nero, er habe gerne bereits Mittags mit der *cena* begonnen und diese dann bis in den späten Abend ausgedehnt.

Auch die Zahl der geladenen Gäste beim Festmahl konnte Ausdruck verschwenderischer Größe sein: Claudius, so heißt es, habe bei einem einzigen *convivium* 600 Gäste auf einmal eingeladen und bewirten lassen. Den Vogel indes schoss Domitian ab: Seine *domus Flavia* (92 n. Chr. fertiggestellt) verfügte über den größten Speisesaal, von dem wir aus der römischen Geschichte wissen. Der Raum, an dessen Ende der Kaiser entgegen früheren Sitten getrennt von seinen Gästen in einer Apsis Platz nahm, war so gewaltig, dass er an den Seiten zwei elliptisch geformte Wasserbecken bot, deren Fontänen für ein angenehmes Raumklima sorgten.

Ein römischer Kaiser, über dessen extravagante Tafelfreuden besonders viele Details überliefert sind, war Aulus Vitellius; er soll einer der auf Capri von Tiberius sexuell missbrauchten Jungen gewesen sein (s. o.) und war später, 69 n. Chr., einer der Kaiser des „Vierkaiserjahrs" (einem breiteren modernen Publikum ist er durch die *Adler*-Reihe des britischen Schriftstellers Simon Scarrow bekannt). Wieder findet sich bei Sueton eine sehr detailreiche und sicherlich auch sehr phantasievolle Schilderung.

Er genoss drei, manchmal sogar vier Festmahle pro Tag: Frühstück, Mittagessen, Abendessen und ein Trinkgelage, und er war ohne Weiteres in der Lage, sie alle durchzustehen, indem er zu Brechmitteln zu greifen pflegte. Außerdem ließ er sich zu jeder dieser Mahlzeiten von jemand anderem einladen, und die Nahrungsmittel für eine Mahlzeit kosteten nie weniger als 400 000 Sesterzen. Besonders berüchtigt war das Abendessen, das sein Bruder ihm zu Ehren gab, um die Ankunft des Kaisers in Rom zu feiern – dabei wurden, wie man sagt, zweitausend der erlesensten Fische und siebentausend Vögel serviert. Doch er stellte auch dieses Mahl noch in den Schatten, indem er eine Platte anrichten ließ, die er ob ihrer enormen Größe den „Schild der Minerva, der Verteidigerin der Stadt" nannte: Darauf kamen Lebern von Papageienfischen, Gehirne von Fasanen und Pfauen, Flamingozungen und Innereien von Muränen, die seine Kapitäne und seine Trieren aus dem ganzen Reich herbeibrachten, von Parthien bis zur spanischen Meerenge.

(Sueton, Vit. 13)

Hadrians „ausschweifendes" Leben in Tivoli

Die Villa des römischen Kaisers Hadrian (reg. 117–138 n. Chr.) bei Tibur (heute: Tivoli) war ein kaiserliches Ausflugsziel ohnegleichen: Über einen Quadratkilometer misst die Anlage mit diversen Gebäuden, kunstvoll angelegten Gärten und Kanälen, an der 16 Jahre lang gebaut wurde. Der Kaiser verbrachte hier einen Teil seiner Freizeit zusammen mit bis zu 20 000 Untergebenen, und gegen Ende seines langen Lebens siedelte er komplett in die Villa Hadriana über. Hadrian war ein Förderer der Künste, vor allem der Architektur, und er umgab sich oft und gerne mit Wissenschaftlern, Philosophen und Künstlern.

Tibur diente Hadrian auch und gerade als „Liebesnest“: Hier konnte er ungestört mit seinem Geliebten zusammen sein – Antinoos, einem jungen Mann aus der Provinz Bithynien. Es war allem Anschein nach eine glückliche Beziehung, die jedoch nicht allzu lange währte: Wir wissen nicht genau, wann Hadrian Antinoos kennenlernte, doch es scheint nur wenige Jahre gewesen zu sein, bevor Antinoos im Jahr 130 unter ungeklärten Umständen im Nil ertrank. Die Beziehung der beiden Männer erregte unter den Zeitgenossen weit weniger Aufsehen als die Trauer, die Hadrian für Antinoos an den Tag legte – und die seine Trauer um den Tod seiner eigenen Schwester bei Weitem überstieg. Hadrian gründete Antinoos zu Ehren am Nil sogar eine Stadt und richtete einen eigenen Kult ein, um den Jüngling wie einen Gott verehren zu lassen.

Diese öffentlich ausgelebte homosexuelle Beziehung war es, die der Villa in Tivoli den Ruf einbrachte, hier seien ausschweifende

Rom, 24. Juni 1921, Freitag

Mit Däubler, den ich zufällig traf, nach der Villa Hadriana hinaus. Gewaltiger Eindruck von den fürstlichen Lebensformen, von der Umsetzung gewaltiger Macht in ein wunderbar verfeinertes Einzeldasein, in die Gebärden und Genüsse eines menschlichen Gottes. Die große Mauer der Poikile; zweihundert Meter strichgraden Genußwillens wie eine große Handschrift in die Landschaft hineingesetzt, und drum herum unter Baumgruppen und in Feldern zerstreut die Reste des raffiniertesten, sinnlichsten Lebens, von den höchsten philosophischen und künstlerischen Genüssen bis zu den Bädern, in denen die Spielgenossen und Nachfolger des Antinous, die ausgesucht schönsten Knabenkörper des Riesenreichs auf den Kaiser warteten, und bis zu „Canopus“, wo vor den Augen des Kaisers die Orgien gefeiert wurden. Das volle Aufblühen einer menschlichen Pflanze in allen ihren Fibern und Färbungen aus den Wurzeln unbeschränkter Macht.

(Harry Graf Kessler: Tagebücher 1918–1937, Berlin 1995)

Feste und Gelage gefeiert worden – auch heute noch neigen ja viele Menschen dazu, Homosexualität mit Sittenlosigkeit und Promiskuität gleichzusetzen. Dabei spricht natürlich gerade die große Trauer des Kaisers um Antinoos dagegen, dass es in der Villa Hadriana zu wilden Orgien kam. Die Fantasie späterer Schriftsteller und heutiger Journalisten ließen sich von solchen Überlegungen indes nicht einschränken.

Symbol des Niedergangs: Elagabal

In keinem anderen römischen Kaiser hat die Nachwelt eine so dankbare Zielscheibe gefunden, wenn es um die spätrömische Dekadenz geht, von der man lange glaubte, sie habe letztendlich zum Niedergang des Römischen Reichs geführt – dies ist natürlich eine vor allem christlich geprägte Sichtweise. Immerhin: Elagabal, der gebürtige Syrer, der im Jahre 218 n. Chr. mit nur 14 Jahren (!) auf den römischen Thron kam und sich eigentlich Marcus Aurelius Antoninus nannte, sorgte für so viele Skandale, dass sie für mindestens fünf Kaiser ausgereicht hätten – dabei starb er bereits mit 18 Jahren.

Elagabal führte offen eine homosexuell-sadomasochistische Beziehung mit einem ehemaligen Sklaven und nahm dabei den devoten Part ein. Er versuchte, sich als Oberpriester einer Rom fremden, östlichen Religion einzuführen; Elagabal hieß der Gott dieser Religion, und der Kaiser ließ sich anstatt mit Marcus Aurelius Antoninus Augustus lieber mit diesem Namen rufen. Auch bei Tisch kannte er keine Zurückhaltung; so ist überliefert, dass er seine Pilze statt mit Pfeffer mit Perlen bestreute, mit Onyx vermischte Linsen auftragen ließ und bei einer Gelegenheit seinen Gästen nicht weniger als 600 Straußenhirne servierte.

Und er lebte so extravagant und verschwenderisch, dass seine eigenen Soldaten schließlich gegen ihn revoltierten und ihn töteten. „Alles, was früher als ehrwürdig galt, verhöhnte er in frevelhaftem

Fanatismus und trat es mit Füßen“, schreibt der Historiker Herodian über den jungen Kaiser. Man muss wohl vor allem seine Mutter dafür verantwortlich machen, dass Elagabals Verhalten so aus dem Ruder lief – sie hatte ihn ins Amt gehievt, obwohl er für die Aufgabe und auch den damit verbundenen Reichtum noch nicht reif war.

Elagabals Hang zur Dekadenz hat unzählige Darstellungen in Kunst und Literatur nach sich gezogen; die folgende Passage aus dem 1905 verfassten Roman *Heliogabal* (*De berg van licht*) des niederländischen Autors Louis Couperus zeigt einen geradezu obszönen Umgang mit Luxus und Reichtum im Rahmen eines Festes im kaiserlichen Palast. Natürlich ist es Fiktion, aber zahlreiche Details sind durchaus realistisch.

Eine kühle Erwartung hing in den Sälen, in den Säulenhallen und in den ungeheuren Nymphäen. In vier riesengroßen Becken schlossen Krokodile die Augen vor dem blendenden Licht, und dieser ganze ungeheure Raum, der sich von einer Seite des Palatins bis zur anderen hinzog und mit dem größten Teil des Septimius-Severus-Palastes den flavischen Palast bildete, war noch leer, aber schon erleuchtet; Echos hallten und hallten zurück; Nomenklatoren riefen Namen aus; Cubicularii erteilten Befehle; Musikanten stellten sich auf; ein mißgestalteter Narr trippelte allein und verlassen quer durch das Triklinium. Die Gäste kamen langsam, vereinzelt, schleiften kostbare persische Mäntel über das Mosaik; strenge Togen öffneten sich und ließen leichtere Festgewandung erkennen. Die Männer erschienen in kurzer ärmelloser Tunika, hochbeschuht, die Frauen in seitlich geöffneter Stola, in der sie nackt waren oder bekleidet, je nachdem sie die weichen Falten zusammenlegten oder auseinanderfallen ließen. Eine freie Laune belebte die strengeren, einförmigen Sitten von einst, man folgte allen asiatischen Moden, jede Ausschweifung in der Kleidung war erlaubt und zwei Senatorenfrauen, die Seite an Seite lachend daher geschritten kamen, in breiten Miedergürteln aus goldenem Laub und Beinkleidern aus Rosen, mit Tragbändern aus Edelsteinen, die an den Gürteln befestigt waren, das Haar assyrisch getürmt,

erregten kaum eine leise Verwunderung, obgleich sie viel eher Dirnen und Tänzerinnen als römischen Matronen glichen. ...
Harfen ertönten, Tamburine rasselten, Trommeln dröhnten. Die ersten Erfrischungen wurden herumgereicht von tanzenden Mädchen und der Tafeldienst vollzog sich nach dem Rhythmus der Musik. Die Üppigkeit des Banketts setzte die Römer, die doch an vieles gewöhnt waren, in Erstaunen. Über die Tafel, vor der der Kaiser auf goldenem Polster lag, war eine goldene Decke gebreitet, eine Verschwendung, die sich schon Mark Aurel gestattet, die man aber sonst nur selten gesehen hatte; über die Tafeln der vornehmsten Günstlinge hatte man silberne Decken gebreitet. Das Tafelgerät mit seinen verschieden geformten Schalen, Tellern, Gläsern, Krügen, Amphoren, Kühlfässern bestand diesmal aus grünlichem Glas. Bei jedem Bankett wurde ein anderes Gerät benutzt. Als der Kaiser eines Tages in Saphiren erschienen war, war das Gerät blau, als ihn Topase schmückten, war es bernsteingelb gewesen. Zum erstenmal erblickten die Gäste silberne Feuerbecken, auf denen die Speisen warm gehalten wurden und mit obszönen Motiven bedeckte zentnerschwere Silbervasen, in denen der Rosenwein, den man bereits kannte, mit duftigem Harz, Minze und Polei gemischt wurde. Zum erstenmal wurden Haschees aus Fisch gereicht, die in salzigen, grünlichen Brühen schwammen, und Austern, Krabben und Hummern, die man bisher für nicht eßbar gehalten hatte. Diese Speisen nötigten Verwunderung ab, und lächelnd kosteten die Gäste sie und erkundigten sich nach dem Namen derer, die sie erfunden oder zubereitet hatten, denn man wußte, daß ein jeder, der ein neues Gericht erfand oder zubereitete, eine hohe Belohnung erhielt. ...
Über die Pyramidenstufen des Sigmas tanzend, bedienten die Dirnen den Kaiser unter unablässiger Anbetung und dem Weihrauchschwenken der Sonnenkinder und Sonnenpriester. Auch die Magier waren eingetreten; tiefernst stellten sie sich zwischen den Priestern rings um die Sigmastufen auf, ließen die Hymnen ertönen und beteten. Tief und eintönig durchdröhnte ihre schwere Litanei den stets höher steigenden Festesjubel... Hoch oben auf dem Sigma achtete Antoninus dieses ganzen Ehrendienstes kaum. Sehr wählerisch geworden, kostete er kleine Bissen von Kameelfersen, von Kämmen, die man lebenden Hähnen ausgerissen

hatte, und Zungen von Flamingos und Nachtigallen, die gegen die fallende Krankheit schützen sollten: eine Unmenge kleiner Schalen aus Gold und grünem Glas wurden ihm dargereicht und er kostete, den kleinen Finger zierlich emporstreckend, kleine Bissen, um darauf seine Finger am Haar der Sonnenkinder abzuwischen, die vor ihm knieten. ... Da gab es Ferkelzitzen, die anfangs sehr merkwürdig schmeckten, doch köstlich, nachdem man sich an sie gewöhnt hatte. Aber da waren auch Erbsen, unter denen Goldkörner versteckt lagen; und die Parasiten suchten danach mit gierigen Fingern, um sie dann in einem Zipfel ihres Gewandes zu verbergen. Da gab es Linsen mit Edelsteinen durchmengt und Reis, in dem sich Perlen fanden; lächelnd blickte Gordianus herab auf seine Klienten, deren Finger gierig nach den Perlen und Juwelen suchten. Fisch und Trüffeln waren statt mit weißem Pfeffer mit gestampften Perlen bestreut. Das erschien den Klienten seltsam. Niemand hatte so recht den Mut, sich die Speisen schmecken zu lassen, aber um so öfter füllten die tanzenden Mädchen die Amphoren, denn allgemein mundete der Rosenwein. Ein Scherz, den schon des Antoninus Onkel Geta liebte, bestand darin, daß eine Reihe von Gerichten auf die Tafel kam, deren Namen alle mit dem gleichen Buchstaben begannen, so daß diesmal Piscis, Perna, Porcellus, Pullus, Perdix, Pavus, Pastete, Schweinefleisch, Huhn, Rebhuhn, Pfauenbraten, herumgereicht wurden. Doch allen diesen Gerichten mißtraute man: der Fisch glitzerte stellenweise wie von zerriebenem Glas; die Pastete bestand aus bemaltem Holz, das Rebhuhn verbarg unter seinen Federn eine Fledermaus, die wohl plötzlich auffliegen konnte; der Pfauenbraten indessen war von einer solchen Üppigkeit, daß alle lüstern nach den ungeheuren Schüsseln ausschauten, auf denen vier Pfauen lagen, mit fächerförmig ausgebreiteten Schweifen, mit Augen aus Edelsteinen und Kronen aus Juwelen und garniert mit Papagei- und Flamingohirnen, mit Drosselköpfen und Kiebitzeiern. Also endlich gab es etwas zu essen, das köstlich mundete – sofern man die Schüsseln nicht vorübertrug und vor den erstaunten Gästen nur ein Gedeck ausbreitete, in das der Pfauenbraten in grellen Farben kunstvoll eingestickt war.

(Louis Couperus: Heliogabal, Leipzig 1928)

Thomas Couture: „Romains de la décadence", 1847. Öl auf Leinwand, 472 × 772 cm. Drei Jahre brauchte der Historienmaler Couture, um das riesige Gemälde fertigzustellen. Der Maler selbst sagte über sein Bild mit einem Juvenal-Zitat: „Das Laster hat sich, grausamer als Krieg, auf Rom gestürzt und rächt das besiegte Universum." Besonders interessant an der phantasievollen Darstellung römischer Dekadenz sind die drei bekleideten Figuren rechts und links im Vordergrund, die die Szene deutlich missbilligend betrachten – quasi als Paten für den moralischen Anspruch des Künstlers und Erinnerung daran, dass der Betrachter das Ganze als abschreckendes Beispiel wahrnehmen soll.
Musée d'Orsay, Paris.

Bei allen Quellen mit Schilderungen von Elagabals Eskapaden muss man jedoch bedenken, dass auch diese wieder aus der Feder von Historikern stammen, denen es vor allem darum ging, das Unrömische und Fremde herauszustellen, das Elagabal verkörperte, und die einen Kaiser beschrieben, der schon zu Lebzeiten unbeliebt war und an dem man nach seinem Tod dementsprechend überhaupt kein gutes Haar mehr ließ – wir können davon ausgehen, dass viele Details bei Cassius Dio oder Herodian einfach frei erfunden sind. Nichtsdestoweniger haben die zahlreichen Beschuldigungen, Vermutungen

Elagabal-Rezeption

Hier nur ein kleiner Ausschnitt der künstlerischen Werke, die sich seit dem 19. Jahrhundert mit Elagabal beschäftigt haben.

Theater

1837: Touissant Cabuchet, *Héliogabale*
1902: Auguste Villeroy, *Héliogabale, drame en vers, en cinq actes*
1971: Pierre Moinot, *Héliogabale*
2001: Alain Pastor, *Héliogabale*
2002: Sky Gilbert, *Heliogabalus, a Love Story*
2008: Shawn Ferreyra, *Elagabalus, Emperor of Rome*

Malerei

1866: Simeon Solomon, *Heliogabalus, High Priest of the Sun*
1888: Lawrence Alma-Tadema, *The Roses of Heliogabalus*
1891: Leo Reiffenstein, *Ein Gastmahl des Heliogabal*
1983: Anselm Kiefer, *Heliogabal*
2007: Martin Bladh, *Heliogabalus* (Zyklus)

Roman

1885: Auguste-Constant Bertrand, *L'Héliogabale et la Messaline du XIXe siècle, à Paris*
1904: Jan de Redni, *Lentulus et Ascyltos. Roman de mœurs antiques*
1905–6: Louis Couperus, *De berg van licht*
1910: Henry Mirande, Élagabal
2004: Jeremy Reed, *Boy Caesar*

Lyrik

1905: Pol Loewengard, *La prière d'Héliogabale*
1914: Pierre Benoit, *Héliogabale*
1977: Frank Manley, *Heliogabalus*
1999: Durs Grünbein, *Bericht von der Ermordung des Heliogabal durch seine Leibgarde*

Film

1910: André Calmettes, *Héliogabale*
1911: Louis Feuillade, *L'Orgie romaine*
1970: Franco Brocani, *Necropolis*

und Anekdoten die Kunst und Literatur bis ins 20. Jahrhundert hinein so stark beeinflusst, dass Elagabal, mehr noch als Caligula oder Nero, für den „Sittenverfall“ im Römischen Reich verantwortlich gemacht wurde, von dem man früher glaubte, an ihm sei das Imperium zugrunde gegangen (was nichts weiter als christliche Propaganda ist). Eine differenziertere Betrachtung, die sich weniger an Skandalen ergötzt als vielmehr versucht, auch Gender-relevante Fragen zu stellen, findet sich erst ab den 1990er Jahren.

LITERATUR

Allgemein

Jens Bergmann, Bernhard Pörksen (Hrsg.): *Skandal! Die Macht öffentlicher Empörung*, Köln 2009

Jochen Bleicken: *Geschichte der römischen Republik*, München 2004

Klaus Bringmann: *Römische Geschichte. Von den Anfängen bis zur Spätantike*, München 82004

Hildegard Cancik-Lindemaier: *Von Atheismus bis Zensur. Römische Lektüren in kulturwissenschaftlicher Absicht*, Würzburg 2006

Hubert Cancik (Hrsg.): *Der Neue Pauly. Enzyklopädie der Antike*, Stuttgart 1996–2003

Catharine Edwards: *The Politics of Immorality in Ancient Rome*, Cambridge 1993

Karl Christ: *Krise und Untergang der römischen Republik*, Darmstadt 1979

Greg Dues: *Catholic Customs & Traditions. A Popular Guide*, London 2000

Ingemar König: *Vita Romana. Vom täglichen Leben im alten Rom*, Darmstadt ^{2}2007

Philip Matyszak und Joanne Berry: *Who is who im alten Rom*, Mainz 2008

Christoff Neumeister: *Das antike Rom. Ein literarischer Stadtführer*, München 1991

Colin Wells: *The Roman Empire*, Cambridge/MA ^{2}1994

Konrat Ziegler und Walther Sontheimer (Hrsg.): *Der kleine Pauly. Lexikon der Antike*, München 1979

Feste und Feiertage

Dorothea Baudy: *Römische Umgangsriten. Eine ethologische Untersuchung der Funktion von Wiederholung für religiöses Verhalten*, Berlin 1998

Hans Beck und Hans-Ulrich Wiemer (Hrsg.): *Feiern und Erinnern. Geschichtsbilder im Spiegel antiker Feste*, Berlin 2009

Christian Roy: *Traditional Festivals. A Multicultural Encyclopedia*, Santa Barbara 2005

Jörg Rüpke: *Kalender und Öffentlichkeit. Die Geschichte der Repräsentation und religiösen Qualifikation von Zeit in Rom*, Berlin 1995

Der Bacchuskult

Antonio Escohotado: *The General History of Drugs*, Valparaiso 2010

K. D. Christof und Renate Haass: *Weihrauch. Der Duft des Himmels*, Dettelbach 2006

Karl-Wilhelm Weeber: *Die Weinkultur der Römer*, Düsseldorf 1999

Triumphzüge

Mary Beard: *The Roman Triumph*, Cambridge/MA 2007

Tanja Itgenshorst: *Tota illa pompa. Der Triumph in der römischen Republik*, Göttingen 2005

Organisierte Freizeit

Marcus Junkelmann: *Das Spiel mit dem Tod. So kämpften Roms Gladiatoren*, Mainz 2000

Eckart Köhne, Cornelia Ewigleben und Ralph Jackson (Hrsg.): *Gladiators and Caesars. The Power of Spectacle in Ancient Rome*, Berkeley 2000

Donald G. Kyle: *Spectacles of Death in Ancient Rome*, London/New York 1998

Wolfram Letzner: *Der römische Circus. Massenunterhaltung im Römischen Reich*, Mainz 2009

Christian Mann: *Die Gladiatoren*, München 2013

Stephen Wisdom: *Gladiators 100 BC–AD 200*, Oxford 2001

Familienfeiern

Suzanne Dixon: *The Roman Family*, Baltimore 1992

Jane Merrill und Chris Filstrup: *The Wedding Night. A Popular History*, Santa Barbara 2011

Wilhelm Schmidt: *Geburtstag im Altertum*, Gießen 1908

Gelage und Völlerei

Rudolf Aßkamp, Marijke Brouwer u. a. (Hrsg.): *Luxus und Dekadenz. Römisches Leben am Golf von Neapel*, Mainz 2007

Patrick Faas: *Around the Roman Table*, Chicago 2005

William J. Slater (Hrsg.): *Dining in a Classical Context*, Michigan 1991

Private Ausschweifungen

Alastair Blanshard: *Sex. Vice and Love from Antiquity to Modernity*, New York 2010

Susanna Foral: *Die Orgie. Vom Kult des Altertums zum Gruppensex der Gegenwart*, München 1981

Katherine Frank:*Plays Well in Groups. A Journey Through the World of Group Sex*, Plymouth 2013

Judith P. Hallet und Marilyn B. Skinner (Hrsg.): *Roman Sexualities*, Princeton 1997

Antonio Varone: *Erotica Pompeiana. Love Inscriptions on the Walls of Pompeii*, Rom 1994

Gaststätten und Rotlichtviertel

Thomas A. J. McGinn: *Prostitution, Sexuality, and the Law in Ancient Rome*, Oxford 1998

Thomas A. J. McGinn: *The Economy of Prostitution in the Roman World. A Study of Social History & the Brothel*, Michigan 2004

Umberto Pappalardo: *Pompeji. Leben am Vulkan*, Mainz 2010

Wolfgang Sorge: *Die Geschichte der Prostitution bis ins 19. Jahrhundert*, Bremen 2011

Dekadenz bei Hofe

Hartwin Brandt: *Geschichte der römischen Kaiserzeit. Von Diokletian und Konstantin bis zum Ende der konstantinischen Dynastie (284–363)*, Berlin 1998

Alexander Demandt: *Das Privatleben der römischen Kaiser*, München 1996

Marcus Junkelmann: *Hollywoods Traum von Rom. „Gladiator" und die Tradition des Monumentalfilms*, Mainz 2004

Christiane Kunst und Ulrike Riemer (Hrsg.): *Grenzen der Macht. Zur Rolle der römischen Kaiserfrauen*, Stuttgart 2000

Michael Sommer: *Die römischen Kaiser. Herrschaft und Alltag*, Mainz 2010

ABBILDUNGSNACHWEIS

S. 26: Wikimedia Commons, Creative Commons Attribution License 2.5 Generic/Jastrow
S. 39: Wikimedia Commons, Creative Commons Attribution License Share Alike 3.0 Unported/Drake01
S. 41: akg-images/MPortfolio/Electa
S. 48: akg-images
S. 55: Wikimedia Commons, Creative Commons Attribution License 2.5 Generic/Jbribeiro1
S. 64: Wikimedia Commons, Creative Commons Attribution License 2.5 Generic/Joonasl
S. 75: Wikimedia Commons, Creative Commons Attribution License 2.5 Generic/Diliff
S. 80: akg-images
S. 102: Wikimedia Commons, gemeinfrei/Szilas
S. 115: akg-images
S. 121: akg-images/Erich Lessing
S. 127: akg-images
S. 141: Wikimedia Commons, Creative Commons Attribution License 2.0 Generic/File Upload Bot (Magnus Manske)
S. 143: akg-images/Erich Lessing
S. 152: Wikimedia Commons, Creative Commons Attribution License 1.0 Universal/Vassil
S. 168: akg/Laurent Lecat